この先
今日が
いちばん
若い日

無苦集滅道《むーくーじゅうめつどう》　無智亦無得《むーちーやくむーとく》　以無所得故《いーむーしょーとっこー》
菩提薩埵《ぼーだいさったー》　依般若波羅蜜多故《えーはんにゃーはーらーみーたーこー》　心無罣礙《しんむーけーげー》
無罣礙故《むーけーげーこー》　無有恐怖《むーうーくーふー》　遠離一切顛倒夢想《おんりーいっさいてんどうむーそう》　究竟涅槃《くーぎょうねーはん》
三世諸仏《さんぜーしょーぶつ》　依般若波羅蜜多故《えーはんにゃーはーらーみーたーこー》
得阿耨多羅三藐三菩提《とくあーのくたーらーさんみゃくさんぼーだい》　故知般若波羅蜜多《こーちーはんにゃーはーらーみーたー》
是大神呪《ぜーだいじんしゅー》　是大明呪《ぜーだいみょうしゅー》　是無上呪《ぜーむーじょうしゅー》　是無等等呪《ぜーむーとうどうしゅー》
能除一切苦《のうじょーいっさいくー》　真実不虚《しんじっぷーこー》　故説般若波羅蜜多呪《こーせつはんにゃーはーらーみーたーしゅー》
即説呪曰《そくせっしゅーわつ》　羯諦羯諦《ぎゃーていぎゃーてい》　波羅羯諦《はーらーぎゃーてい》
波羅僧羯諦《はらそうぎゃーてい》　菩提薩婆訶《ぼーじーそわかー》　般若心経《はんにゃーしんぎょう》

ふりがなは真言宗豊山派《ぶざんは》の唱え方に準じています

切り取ってお使いください

仏説摩訶般若波羅蜜多心経《ぶっせつまーかーはんにゃーはーらーみーたーしんぎょう》

観自在菩薩《かんじーざいぼーさー》　行深般若波羅蜜多時《ぎょうじんはんにゃーはーらーみーたーじー》

照見五蘊皆空《しょうけんごーうんかいくう》　度一切苦厄《どーいっさいくーやく》　舎利子《しゃりーしー》　色不異空《しきふーいーくう》

空不異色《くうふーいーしき》　色即是空《しきそくぜーくう》　空即是色《くうそくぜーしき》　受想行識亦復如是《じゅーそうぎょうしきやくぶーにょーぜー》

舎利子《しゃーりーしー》　是諸法空相《ぜーしょーほうくうそう》　不生不滅《ふーしょうふーめつ》　不垢不浄《ふーくーふーじょう》

不増不減《ふーぞうふーげん》　是故空中無色《ぜーこーくうじゅうむーしき》　無受想行識《むーじゅうそうぎょうしき》

無眼耳鼻舌身意《むーげんにーびーぜっしんにー》　無色聲香味触法《むーしきしょうこうみーそくほう》　無眼界乃至無意識界《むーげんかいないしーむーいーしきかい》

無無明《むーむーみょう》　亦無無明尽《やくむーむーみょうじん》　乃至無老死《ないしーむーろうしー》　亦無老死尽《やくむーろうしーじん》

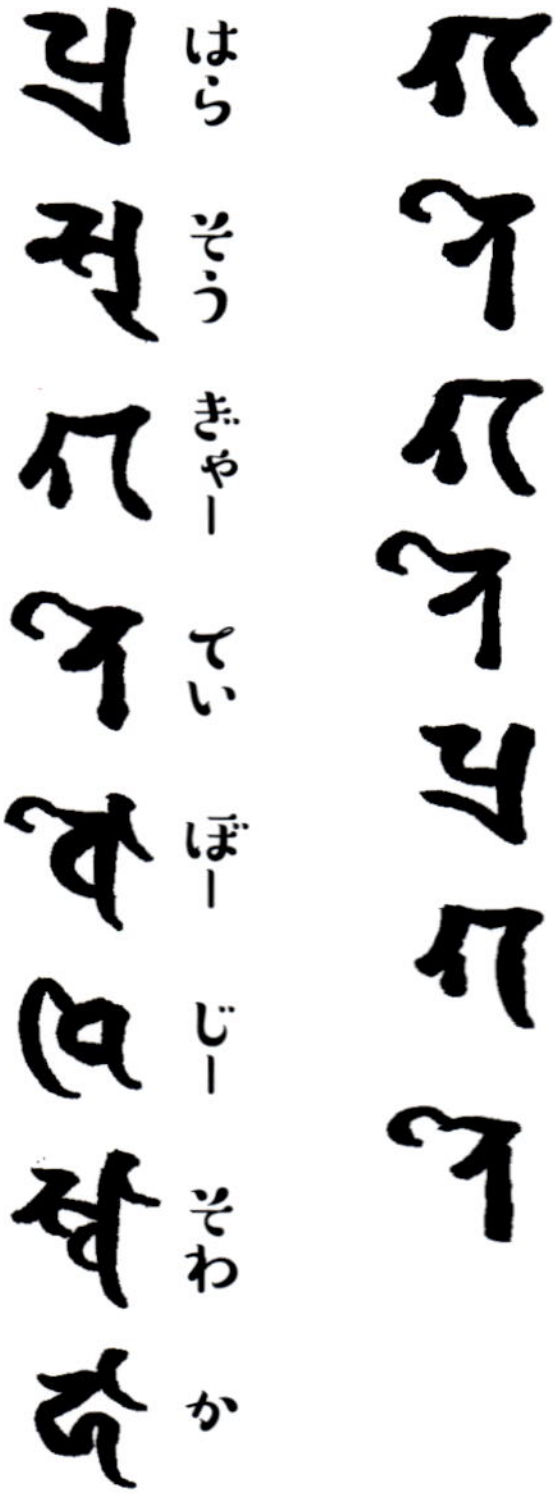

ぎゃーてい ぎゃーてい はーらーぎゃーてい

はらそうぎゃーてい ぼーじー そわか

梵字の一つ一つに仏が宿り、
あらゆる人に光を与えます。
これを見ながら真言を唱えましょう。

心がほっとする般若心経のことば

ほうげん和尚
名取芳彦
元結不動 密蔵院住職

永岡書店

はじめに　『般若心経』は最強のアイテム

「そのうちに」と思っていたことが、「ついに、とうとう」になる。そのスピードのなんという速さでしょう。そして、ついに、とうとうやって来た人生後半戦。

ここから先は、落ち込んだりイライラしたりせずに、イキイキと前向きに、笑顔の多い日を過ごしたいと願う人は少なくないでしょう。

そのためには、人生の前半戦で得た知識や、積み重ねてきた経験を総動員して、これから出合うさまざまな問題に対処していくことになります。

古歌に〝苦労する身はなに厭《いと》わねど、苦労し甲斐がありますように〟がありますが、苦労して得た知識や経験を人生の後半戦で使わないと、苦労した甲斐がありませんし、もったいないでしょう。

しかし、これまでの知識や経験があっても、人生後半で「この年になったのに、こんなことで悩むなんて」という事態に遭遇《そうぐう》することもあります。「前はうまくいったのに、今回はダメみたいだ」と思案にくれることもあります。

経験したことが心のしこりやシミとなって、解決していないこともあるかもしれません。失恋や裏切り、挫折や失敗などの経験から残ってしまった悲しみや寂しさ、悔しさや情けなさ、恨みや後悔などです。

「あの時のことは、こういうことだった」と心の中で整理せずに、未解決のことをそのままにして先に進むのは、いつまでもそれらの問題と自分が強力なゴムでつながっているようなものです。進もうとする自分を、時に触れ、折りに触れて引き止め、引き戻します。

もちろん、そのような過去を背負っている人ばかりではないでしょう。

人生後半戦に臨む人の中には、ネガティブな過去をすべて清算し終わっている人もいます。

そのような人には、「感謝の言葉として〝ありがとう〟を何万回も言ってきたけど、有り難いは、なかなか起こらないことが起こったという深い意味があるとわかって、しみじみと〝有り難う〟と言えるようになった」と思うなど、人生をますます充実させたり、深みを増したりする〝これから〟が待っているかもしれません。

『般若心経』は、仏教の教えのエッセンスを取り込んで展開する、二七〇文字ほどの短いお経です。

多くの教えを網羅《もうら》しているので、私たちが抱える多様な問題を決着させ、心をおだやかにする材料の宝庫とも言えます。

その**核になるのは〝すべては空《くう》というあり方をしている〟という「空」の思想**です。

「空」は、どんなものにも〝不変の実体〟はないということ。それを日常の中で納得するのは難しいかもしれませんが、**縁起（縁が集まってひとつの結果になる）**↓

諸行無常（すべては同じ状態を保たずに変化する）→「空」という流れで導き出されたひとつの真理です。詳しくは、本書の中でわかりやすくお伝えしていきます。

「人生の前半戦、後半戦」は人生を戦いにたとえた表現ですが、その戦場は他人と比べた生活や経済で勝ち組になるか負け組になるかといったものではありません。弱い自分や生き方に迷う自分との戦いで、戦場は自分の心の中です。

その戦いに使える最強のアイテムが『般若心経』と申し上げてもいいでしょう。人生の後半戦を迎えるあなたにとって、本書が、「空」を理解するだけでなく、日常でも活かし、未解決の悩みを解決し、これからの難題にさわやかに対処する一助になれば、東京下町の寺の坊主冥利に尽きます。

「はじめに」をしめくくるにあたり、『般若心経』を離乳食なみに解釈した私流の拙い詩から、「空」の扉をゆっくりと開いていただきましょう。

諸行無常の歌　名取芳彦

ほら、考えてごらん。
どんなものでも変わらないものはないってことを。
素敵に変われるってことを。
それに気づけば、笑顔になれる。
目の前にある物も、形を変え、色を変え、あり方も変わっていく。
心だってどんどん素敵になれる。
悲しい思い出も、あの品も、懐かしく思える時がくる。
つらいあの時も、いとおしく想える時がくる。
純粋すぎた瞳の輝きも、
耳をふさいだあの声も、

思わず振り向いたあの香りも、
美味しかったり、眉をしかめたりしたあの味も、
あの手触りも、感触も、
今のあなたになるための大切な、大切なたからもの。
許せなかったことが許せるようになった。
傷つくことで優しくなれた。
泣いたことであきらめられた。
笑いあって勇気がでた。
やってみて、わかったことがある。
動いてみたら、変わったことがある。
そんなあなたになれたのは、あなたが変わったから。
昔のままではないから。

今は昔のようでなく、未来も今のようでない。
やまない雨はないけれど、
心ひとつで晴れがつづく。
生き方ひとつで晴れがつづく。
前途広大、一望千里。
とらわれのない心で進めば、
どこへ行こうと、止まろうと、回れ右しても、戻っても、
それはあなたが進む、正しいみち。
安定を求めても、すべては変わる、変化する。
だから、変化を楽しむんだ。
蛇は水を飲んで毒にするし、牛は水からミルクを作る。
〝変化〟という水を飲んで、何に変化させるかはあなた次第。

笑顔で、堂々と生きるには、変化を楽しむ心があればいい。
次はどうなるだろうと、ウキウキする心があればいい。
その心を忘れないための呪文がある。
その心を引きだす呪文がある。
ぎゃてい・ぎゃてい・はら・ぎゃてい・はらそう・ぎゃてい・ぼじ・そわか
ぎゃてい・ぎゃてい・はら・ぎゃてい・はらそう・ぎゃてい・ぼじ・そわか
生まれたんだ
生きているんだ
生きていくんだ
さあ、
笑顔で、生きていけ。
堂々と、生きていけ。

諸行無常

心がほっとする
般若心経のことば

目　次

第一章

人生の折り返し点かなと思ったら

――〝人生100年時代〟の後半をどうするか

第二章

手放してこそ得られるもの
――そのこだわりって、まだ必要ですか？

第三章 不安や苦しみのやさしい消し方
――人生後半を心おだやかに過ごすには

第四章

「空」を知って心を整える
――いちばん大切なのは心の自由です

第五章 もう迷いなんていらない
――今日がいちばん若い日、さあ一歩を踏み出そう

【ほうげん和尚のお悩み相談】

『般若心経』 名取流現代語全訳と解説

仏説摩訶般若波羅蜜多心経《ぶっせつまかはんにゃはらみたしんぎょう》
観自在菩薩《かんじざいぼさつ》行深《ぎょうじん》般若波羅蜜多時《はんにゃはらみたじ》
照見《しょうけん》五蘊《ごうん》皆空《かいくう》度《ど》一切苦厄《いっさいくやく》

仏説摩訶般若波羅蜜多心《ぶっせつまかはんにゃはらみたしん》経《ぎょう》
観自在菩薩《かんじざいぼさつ》が深《ふか》い般若波羅蜜多《はんにゃはらみた》の修行《しゅぎょう》をした時《とき》、
五蘊《ごうん》はみな空《くう》だと照見《しょうけん》して、一切《いっさい》の苦《く》と厄《やく》を除《のぞ》くことができました。

🔥仏さまが説いた、心おだやかな境地に至るための偉大な智恵のエッセンスの教え
［観自在菩薩は、とても思考が柔軟で自由自在に物事を考えられ、いつ、どんなことが起こっても心がおだやかでいたいと願っていました］

その観自在菩薩が、心おだやかな悟りの境地に至るために深い智恵の修行をしていた時のことです。

菩薩は自分を構成している物質としての肉体だけでなく、眼や耳、鼻などの感覚器官も、物事をどのように感じ、考えるかも、すべて変化してしまうので、どんなことも同じ状態を保たない「空」というあり方をしていると、はっきりわかったのです。

すると、ネガティブな感情に翻弄されることがなくなり、思考が行き詰まることもなくなりました。心がおだやかになったのです。

舎利子《しゃりし》色《しき》不異《ふい》空《くう》空《くう》不異《ふい》色《しき》
色《しき》即《そく》是《ぜ》空《くう》空《くう》即《そく》是《ぜ》色《しき》受《じゅ》想《そう》行《ぎょう》識《しき》亦《やく》復《ぶ》如《にょ》是《ぜ》

舎利子《しゃりし》よ。色《しき》は空《くう》に異《こと》なりません。
空《くう》は色《しき》に異《こと》なりません。
色《しき》は即《すなわ》ち空《くう》で、空《くう》は即《すなわ》ち色《しき》なのです。
受《じゅ》も想《そう》も行《ぎょう》も識《しき》もまたかくの如《ごと》しです。

舎利子よ、よくお聞きなさい。

体は、肉や骨、皮膚などの集合体です。手足胴頭などの集合体です。なので、永遠不変の「体」という一つの実体があるわけではありません。

さまざまな構成要素が仮に現在の体を作っているだけなのです。時間や病気や事故などの縁が加われば、老化や機能障害になり、現在の体ではなくなってしまいます。

眼・耳・鼻・舌・身・心などの感覚器官も同じことが言えます。

感覚器官が外からの刺激を受けて、その刺激が神経を通して脳に送られ、過去に蓄えられた知識を総動員して「これは何か」をどう判断するかも、それについてどう思うかも一定ではありません。変化するものなのです。

自分と他人の感覚も異なります。すべては変化し、不変の実体がない「空」という状態なので、他の人も自分と同じだろうと思ってもダメなのです。

舎利子是諸法空相《しゃりしぜしょほうくうそう》
不生不滅不垢不浄不増不減《ふしょうふめつふくふじょうふぞうふげん》

舎利子《しゃりし》よ。この諸法《しょほう》は空《くう》という相《そう》で、生《しょう》じることも、滅《めっ》することもなく、垢《あか》つくことも、浄《きよ》いこともなく、増《ふ》えることも、減《へ》ることもありません。

🔥舎利子よ、よくお聞きなさい。

世の中のもろもろのことはすべて縁の集合体で、縁（条件）が変わると現在の状態が変化してしまう「空」というあり方をしています。

縁は、時間が経過する縁を筆頭に刻一刻と変わるので、物事を、いつでもどんな状況でも通用する「これは永遠にこういうもの」と定義することはできません。

この「空」という法則の中では、何かが「生まれる」とか、何かが「滅する」ということもありません。枯れてしまう植物が新たな生命の種子を残していくように、生も滅もその概念は曖昧で、条件が変われば変化していくのです。

「汚い」とか「きれい」という概念も同じように「空」です。汚い部屋・きれいな部屋といっても、どんな状態が汚いのかきれいなのかは人によって異なります。

「増える」と「減る」も「空」です。食事をすれば食べ物が減り、体重が増えますが、それは目の前にあった食べ物が胃の中に移動したということです。

このように、世の中はすべてが「空」という状態なので、不変で絶対の白黒も、善悪も、大小も、金持ちも貧乏もありません。世の中は、単純な二元論で割り切れるようなあり方をしていないのです。

是《ぜ》故《こ》空中《くうちゅう》無《む》色《しき》無《む》受《じゅ》想《そう》行《ぎょう》識《しき》
無《む》眼《げん》耳《に》鼻《び》舌《ぜっ》身《しん》意《い》無《む》色《しき》聲《しょう》香《こう》味《み》触《そく》法《ほう》
無《む》眼界《げんかい》乃至《ないし》無《む》意《い》識界《しきかい》

このゆえに、空《くう》というあり方の中《なか》では、色《しき》もなく、受《じゅ》も想《そう》も行《ぎょう》も識《しき》も実体と呼べるほどのものはありません。

眼《げん》も耳《に》も鼻《び》も舌《ぜっ》も身《しん》も意《い》もありません。

色《しき》も、聲《おと》も、香《かおり》も、味《あじ》も、触《しょく》も、法《ほう》にも実体はありません。

眼界《げんかい》もなく乃至《ないし》意識界《いしきかい》もありません。

●世の中に存在するものは現象も含めて、「空」の原則から逃れることはできません。

物体にも不変の実体はありませんし、外界の刺激を受ける感覚器官も、その刺激をどう感じるかも千差万別、千変万化するのです。具体的には眼、耳、鼻、舌、身、心（意）はいつも同じ状態を保つことはありませんし、人によって状態も異なります。

眼が見る物体（色）にも実体はなく、縁の集合体です。集まっている縁が入れ代われば変化してしまいます。スマホも電池がなくなれば文鎮になったり、投げれば武器になったり、無用の長物にもなります。

耳が聞く音（聲）にも実体はありません。風があれば音も流されてしまい、聞こえません。人間には聞こえない超音波がイルカやコウモリには聞こえています。

鼻が嗅ぐ香りにも不変の実体はありません。食堂から漂ってくる匂いで食欲をそそられる人もいれば、つわり中の妊婦は同じ匂いで気分が悪くなります。舌で味わう味にも決まった実体はありません。カレーの味は家により異なります。肌で触るものにも実体はありません。なめらかに見える漆器の表面も、職人が指で触れば凹凸があります。

そして、見て、聞いて、嗅いで、味わって、触って、どう思うかも、いつでもだれにでも通用するような実体はありません。

無《む》無《む》明《みょう》亦《やく》無《む》無《む》明《みょう》尽《じん》乃《ない》至《し》無《む》老《ろう》死《し》
亦《やく》無《む》老《ろう》死《し》尽《じん》無《む》苦《く》集《じゅう》滅《めつ》道《どう》
無《む》智《ち》亦《やく》無《む》得《とく》以《い》無《む》所《しょ》得《とく》故《こ》

無明《むみょう》もなく、また無明《むみょう》の尽《つ》きることもなく、乃至《ないし》、
老死《ろうし》もなく、また老死《ろうし》の尽《つ》きることもありません。
苦集滅道《くじゅうめつどう》もなく、智《ち》もなく、また得《とく》もありません。
得《う》る所《ところ》がないからです。

「空」なのは人間存在だけではありません。私（釈迦）はかつて、苦が生じる根本的な原因を「無明（物事の本質がわからない状態）」だと分析しました。そして、無明を無くすことを「無明を尽くす」と言いました。

しかし、すべては「空」なのですから「無明」にも「無明を尽くす」にも、不変の実体があるわけではありません。「これこそが無明だ」とか「これが正真正銘の無明尽である」などということにも、こだわらないほうがいいのです。

かつて私は、老いや病気が「都合どおりにならないという意味で苦である」と言いましたが、老いを自分の都合が入り込む余地のない自然現象として淡々と受け入れる人もいます。病気を〝一病息災〟と考えて健康にいっそう気をつける人もいるのです。ですから「老・病は苦である」とこだわらなくてもいいのです。

「この世は都合どおりにならないことばかりだから、自分の都合を滅すればいい。そのために道（度）がある」と言いましたが、その考え方にもとらわれないほうが心おだやかでいられます。「智恵こそ大切だ」と声高に説いてきましたが、それにもこだわらなくていいのです。

なぜなら、苦を感じる本人そのものが「空」という実体のない存在だからです。

菩《ぼ》提《だい》薩《さっ》埵《た》依《え》般《はん》若《にゃ》波《は》羅《ら》蜜《み》多《た》故《こ》心《しん》無《む》罣《けい》礙《げ》無《む》罣《けい》礙《げ》故《こ》
無《む》有《う》恐《く》怖《ふ》遠《おん》離《り》一《いっ》切《さい》顛《てん》倒《どう》夢《む》想《そう》究《く》竟《ぎょう》涅《ね》槃《はん》三《さん》世《ぜ》諸《しょ》仏《ぶつ》
依《え》般《はん》若《にゃ》波《は》羅《ら》蜜《み》多《た》故《こ》得《とく》阿《あ》耨《のく》多《た》羅《ら》三《さん》藐《みゃく》三《さん》菩《ぼ》提《だい》

菩提薩埵《ぼだいさった》は般若波羅蜜多《はんにゃはらみた》によって、心《こころ》に罣礙《けいげ》をなくしました。
罣礙《けいげ》がないので恐怖《きょうふ》もありません。
一切《いっさい》の顛倒夢想《てんどうむそう》を遠離《おんり》して、涅槃《ねはん》を究竟《くぎょう》したのです。
三世《さんぜ》の諸仏《しょぶつ》も般若波羅蜜多《はんにゃはらみた》によって、
阿耨多羅三藐三菩提《あのくたらさんみゃくさんぼだい》を得ました。

[ここからは、「空」という大原則を見抜くための般若という智恵の効能について説きます]

菩提薩埵（菩薩）たちは、「空」の原則を見抜く般若の智恵のおかげで、心を乱す（罣礙する）ことがなくなり、心が自由に、そして自在になりました。

心が自由になったので、何かを恐れることもなくなりました。恐れる対象も「空」で、本来は実体がないことがわかったからです。そして、「こうあるべきだ」「これはこういうものである」という偏った思考からも解放されました。また、「こうだったらいいのに」という現実を無視して夢を見るようなこともなくなりました。

菩薩たちだけではありません。過去に悟りを開いた如来たちも、般若という智恵によってこの上なく正しく平等な悟り（阿耨多羅三藐三菩提）を開いて、心おだやかになりました。そして、これから悟りを開く人たちも、般若の智恵のおかげで悟りを開くことができるのです。

心おだやかになる人たちは、みんな般若の智恵を備えているのです。

[これらが般若の智恵の効能ですが、薬の効能書きをいくら読んでも病気がよくならないように、効能を知っていても般若の智恵は身につきません]

故《こ》知《ち》般《はん》若《にゃ》波《は》羅《ら》蜜《み》多《た》是《ぜ》大《だい》神《じん》呪《しゅ》是《ぜ》大《だい》明《みょう》呪《しゅ》是《ぜ》無《む》上《じょう》呪《しゅ》
是《ぜ》無《む》等《とう》等《どう》呪《しゅ》能《のう》除《じょ》一《いっ》切《さい》苦《く》真《しん》実《じつ》不《ふ》虚《こ》
故《こ》説《せつ》般《はん》若《にゃ》波《は》羅《ら》蜜《み》多《た》呪《しゅ》即《そく》説《せつ》呪《しゅ》曰《わつ》
羯《ぎゃ》諦《てい》羯《ぎゃ》諦《てい》　波《は》羅《ら》羯《ぎゃ》諦《てい》　波《は》羅《ら》僧《そう》羯《ぎゃ》諦《てい》
菩《ぼ》提《じ》薩《そ》婆《わ》訶《か》　般《はん》若《にゃ》心《しん》経《ぎょう》

故《ゆえ》に知りなさい。般若波羅蜜多《はんにゃはらみた》は、是《こ》れは大神呪《だいじんしゅ》であり、是《こ》れは大明呪《だいみょうしゅ》で、是《こ》れは無上呪《むじょうしゅ》です。そして是《こ》れは無等等呪《むとうどうしゅ》です。よく一切《いっさい》の苦《く》を除《のぞ》きます。真実《しんじつ》であり虚《むな》しいということがありません。故《ゆえ》に般若波羅蜜多《はんにゃはらみた》の呪《しゅ》を説《と》きます。即《すなわ》ち呪《しゅ》に説《と》いて曰《い》うには、
羯諦羯諦《ぎゃていぎゃてい》　波羅羯諦《はらぎゃてい》　波羅僧羯諦《はらそうぎゃてい》　菩提薩婆訶《ぼじそわか》　般若心経《はんにゃしんぎょう》

「空」とそれを体得する般若（智恵）について説いてきました。

ここで、知っておいてもらいたいことがあります。

それは、般若の智恵は真言（呪文）で表すことができるということ。

その真言は、人知を超えた真言であり、暗い心に明かりを灯してくれる真言であり、この上ない真言で、比べるものがないほど素晴らしい真言だということです。

この真言は一切の苦しみを除いてくれます。なぜなら、まったく真実で、どこにも偽りがないからです。

それでは、その真言をあなたに説きましょう。

ギャーテー・ギャーテー・ハーラー・ギャーテー

ハラソウ・ギャーテー・ボージー・ソワカ

以上が、般若の智恵のエッセンスの教えです。

※P18　「摩訶」はマハー（偉大な）の音写。「波羅蜜多」はパーラムイターの音写で「心おだやかな彼岸に至る」という意味です。
このお経のタイトル「仏説摩訶般若波羅蜜多心経」は、「仏説」「心経」以外はすべて古代インド語の音写なので、どんなに漢字の知識があっても内容はわかりません。

観自在菩薩は観世音菩薩（観音さま）の異名。この仏さまの智恵を説くお経では観自在菩薩、慈悲を説く場合は観世音菩薩と呼ばれます。

「五蘊」は（五つの集まり）の意。「厄」は行き詰まるという意味で、日本語の「災難」や「災い」という意味はありません。

※P20　「舎利子」の正式名はシャリープトラ。舎利弗（しゃりほつ）とも音写されます。釈迦の十大弟子の一人で「智恵第一」と言われています。般若（智恵）の教えを説くのに、これ以上の相手はいないという人選です。
「色」はカラーではなく、目に見える物体、物質を表します。

※P30　真言のサンスクリットの原文の読みは「ガテー・ガテー・パーラ・ガテー・パーラサン・ガテー・ボーディー・スヴァーハ」です。

第一章

人生の折り返し点かなと思ったら

――〝人生１００年時代〟の後半をどうするか

立ち止まって自分の現在地を確認する

声優・俳優として活躍されている茶風林《ちゃふうりん》さんは、私が住職をしている寺の本堂と客殿で、「実話怪談朗読劇」を毎年夏に十年ほど開催してくれていました。

ある時、このイベントをはじめた理由を話してくれました。

「もうすぐ五十歳になりますが、この業界に長くいるとこの先自分が業界の中でどんな立場になっていくか、だいたいわかるんです。私たちは求められないかぎり仕事がありません。そこで、自分で何かはじめたいと思ったのです」

このまま進むとどこに行くかをほとんど考えたことがなかった私（当時五十代初め）にとって、とても新鮮な話でした。僧侶の世界では「四十、五十は洟《はな》ったれ」と言われ、坊さんは六十歳を過ぎた頃から少しずつ有り難い存在に近づいていくとも言います。私もそうなっていけたらいいなと、漠然と思っていました。

しかし、思っているだけではだめで、「洟ったれ」の頃から経験するさまざまなことを糧に自分磨きをしていかないと、この先も小さなことにこだわって心を乱したり、つまらないことで怒ったりしながら生きていくことになる、と気づかされたのです。会社勤めの方なら、**定年が近づく五十代半ばから、自分が歩いている道がどこに向かっているか、時々立ち止まって確認することが大切**でしょう。

周りを見れば、六十過ぎの年配の方で、頑固で人の意見に耳を貸さず、自分こそ正しいと思い込んでいる人は少なくありません。『般若心経』の説く「観自在」からは遠く、このまま行けば次第に孤立し、その先に待っているのは愚痴と後悔と自己嫌悪と開き直りという惨めな晩年かもしれません。

五十歳を過ぎたら急ぎ足はやめて、時々立ち止まってみましょう。そして自分の現在地と、今歩いている道がどこに向かっているかを確認し、心おだやかな生き方から外れそうなら修正する。『般若心経』は、その修正に大いに役立ちます。

人生の折り返しに「おかげ」に気づけますか

身近な人の中に、会えば愚痴や文句、不平を言っている、いつも不機嫌そうな人はいませんか。

私の周りには何人かいます。思い返してみると、彼らの口から「おかげさま」という言葉を聞いた記憶がほとんどありません。おかげを感じる心のアンテナが故障しているのか、錆びてしまっているのではないかと思います。

僧侶が〝おかげさま〟の話をみなさんに何度もするのは、**おかげを感じられれば、幸せでいられる**からです。

自分がここまでどうにか生きられたのはあの人のおかげ、仕事ができるようになったのはあの先輩のおかげなど、あなたにもお世話になった方がいるでしょう。

具体的な人物をイメージできなくても、道を歩けるのは道路を作ってくれた人のおかげ、服を着られるのは服を作ってくれた人のおかげです。**人だけではありません。水のおかげ、空気のおかげ、太陽や植物のおかげなど、私たちは自然の恩恵を存分に受けて生きています。**

このようなおかげに気づけば「なんだかんだと愚痴や文句を言っても、私はこれで、けっこう幸せだ」と思えるものです。

人生の前半は、自分のことで精一杯で、努力した自分ばかりを評価の対象にしがちです。しかし、人生百年だとして、その折り返し点を過ぎたら、自分の努力を自慢したり、正当に評価されない不満を愚痴るのではなく、今までの自分、これからの自分を支えてくれるたくさんのおかげに気づく感性を養っていきましょう。

昨日までのあなたも、今日のあなたも、これからのあなたも、多くのおかげで生きています。それに気づけば、心は謙虚にかつ豊かになり、人生そのものが大きく膨らんでいきます。

おリンの音ひとつでも心は整う

お寺のお堂で、笊《ざる》のような形をした大きな鐘の音をお聞きになったことがあるでしょうか。あの鐘の正式名称は磬子《けいす》。通称をザル鐘と言います。一般の家では小型の磬子としておリンを使っているでしょう。

ザル鐘を叩くとゴーンと鳴ります。私が住職をしている寺で使っているものは、一度叩いて完全に音が鳴りやむまでに三分かかります。じつはこのゴーンという音は、叩いた瞬間の音、その後に残るゴーンと響く音とウォンウォンと唸る音の三つからできています。音のよいおリンでも、三つの音を聞き分けられます。

私は法事がはじまる前に、右のことを参列者に説明した上でザル鐘を叩きます。三分間も聞いてもらえないので、三十秒ほど聞いてもらってから聞き分けをしてもらった理由を説明することにしています。

理由のひとつは、集まったメンバーが控室で近況報告の話に花を咲かせて心に立った波をしずめ、おだやかになった心の水鏡に亡き人を映してもらうためです。

もうひとつの理由は、**ゴーンと表現される音が三つの要素で成り立っていると気づく感性が、人生を豊かにする**と思っているからです。

『般若心経』では、人は五つの要素が集まっている（五蘊《ごうん》の）存在だとします。肉体（『般若心経』では色《しき》。以下同じ）・眼鼻などの感覚器官（受）、その器官から脳に伝達される過程（想）、脳がそれを受け（行）、受けたものを過去の知識から判断する（識）の五つです。こうした分析が二千年以上前のインドでされていたことに驚くばかりです。静かに耳をすませて、五蘊で受け止めれば、身近なおリンの音ひとつでも心を整える材料になるのです。

このような感性を養っていくと、**自分を支えている多くの〝おかげ〟に気づけるようになります**。感謝することが多くなれば、心おだやかな日々が増えます。

嘘や偽りのないものは素晴らしい

「あなた自身を含めて、あなたの周りにある自然や自然現象は疑いようのない真実の姿をしている」という世界観が仏教にあります。〝諸法実相《しょほうじっそう》〟と言います。

私たちが山、川、海、空、星などの自然の風物に心を惹かれ、癒されたり、親しみを感じたりするのは、それらに嘘や偽りがないからでしょう。

おおらかで揺るぎない、絶対の真理とも言うべきものが自然界にはあります。私たちはそうした自然の前では素直になれるのです。

近所の親爺さんが犬を散歩させていた時、私は「毎日、散歩が大変でしょう」と声をかけました。すると彼は「散歩くらいは犬の飼い主の責任だからね。それにね、住職、犬は裏切らないからいいんだよ」とニヤリとしました。

きっと、だれかに裏切られたりしたことがあるのでしょう。犬が飼い主を裏切らないというのは、犬には嘘や偽りがないということです。行動の裏を考える必要がなく、安心していられるのです。

私たちが生まれ、成長し、年を取り、病気になり、死んでいくという人生のプロセスにも嘘や偽りはありません。仏教は、〝ありのままで否定しようがない世界は素晴らしい〟という世界観を土台にしているのです。

そこから、「私たちは素晴らしい自然に囲まれ、虚や偽りのない人生を生きているのだから、卑屈にならなくていいし、他人を欺《あざむ》いたり、罵倒《ばとう》したり、力ずくで言うことをきかそうとしなくていい」と説きます。

その場にいない人の悪口で盛り上がった時、「でも、あの人が嘘をついたのを聞いたことがないんだよね」と言えば、その場の人たちは、偽らないことの大切さにハッと気づいて、無責任な噂話は収束します。

嘘、偽りがないだけで、とても素晴らしいことだと思いませんか。

「苦」の感情にどう対処すればいいのか

「苦」は私たちが感じるネガティブ、マイナスの感情です。この言葉の定義は、二千五百年以上前のインドで「自分の都合どおりにならないこと」とされ、仏教もそれを受け継いで現在に至っています。

私たちが眉間に皺を寄せたり、チェッと舌打ちしたり、怒ったりするのは、自分の都合どおりになっていない時ですから、この「苦」の定義に異論はないでしょう。

私たちは、自分の都合どおりにならないことを都合どおりにしたいと思うので苦が生じます。お釈迦さまはこの「苦」の感情をなんとかしたいと願って二十九歳で出家し、三十五歳で悟りを開いて、心がおだやかになりました。

いったい、どんな方法で「苦」を克服したのでしょう。

まず、「苦」を感じたら「私はどうしたいと思っているのだろう」と自分の都合にスポットを当て、それが自分だけの努力でどうにかなるのかを考えます。どうにかなりそうなら、努力して自分の都合どおりにすればいいのです。この努力のことを仏教で「精進《しょうじん》」と言います。縁が集まって結果になるという縁起の法則で言えば、自分の都合どおりという結果を導き出すために、集められるだけの縁を自分で集めるのです。

しかし、世の中は自分の努力だけで叶う願いばかりではありません。老病死や天気などの自然現象は、抗するすべがありません。社会や経済についても一人の力では太刀打ちできません。そして人間関係でも、相手には相手の都合があるので、こちらの努力だけでは思いどおりになりません。

「苦」を感じたら、**自分で変えられないことは素直に受け入れ、変えられることは、自分にできることを粛々《しゅくしゅく》と行い、後は待つ**しかありません。

こうした「苦」への対処法を身につけておくだけで、「苦」は大幅に減少します。

人生後半戦を豊かにする五つの大切

人生は、それぞれの年齢で学ぶことがあります。自分や他人の失敗や成功からも学べます。学んだものが自分の信条になるには、何度か似た経験をする必要がありますが、少なくとも今のあなたは、これまでの経験と学びの集合体です。

「小才は縁に出合って縁に気づかず、中才は縁に気づいて縁を活かさず、大才は袖すり合う縁さえ活かす」。これは江戸時代の柳生家の家訓だそうです。人生を豊かに生きるには、自分が出会ってきた小才、中才、大才たちのやり方を教訓にしたいものです。他の人から影響を受けながら、私の信条になったものを五つご紹介します。私自身人生も後半戦真っ最中なので、いっそう大切に感じています。

一、「損得を人生に当てはめない」「損はしたくない」という心情はわかりますが損得は経済用語です。「それは損だ」「得だ」と、経済用語を人生や生活に当てはめれば薄っぺらな人生になります。損得で動く人は信用されません。

二、「比べるのをやめる」　他と比べて優位なら優越感に浸り、劣っていれば自己嫌悪になり、努力を怠ります。人生の後半では、だれかと比べてもよいことはほとんどありません。

三、「好きなことをしているのなら、イヤな顔はしない」　好きなことをしていれば周りから厭味を言われたり、妬まれたりもします。それでもイヤな顔をしない覚悟が、好きなことをしている人・やりつづける人には必要です。

四、「心の天気は自分で晴らす」　よく心に思う言葉です。自分の心のモヤモヤを晴らすのは最終的に自分です。私は「さて、自分で、どうやって、この心のモヤモヤを晴らすかな」と考えるようにしています。

五、「笑顔にまさる化粧なし」　私が大切にしている格言。「笑顔に向ける刃なし」とも言われます。人と人の円満な関係もまず笑顔がはじまりです。

後悔を手放すかしこい方法

後悔には、「やらなければよかったのにやってしまったこと」と「やればよかったのにやらなかったこと」の二種類があります。

一般的に若い人ほど「やってしまったこと」を後悔します。俗に言う若気の至りです。年を取ると「やらなかったこと」を後悔する傾向があります。これからやろうと思っても、今さらその気力も体力もないことを自覚した上での後悔です。

いまだに心の奥に引っかかっている後悔をそのままにし人生を送るのは、ティラミスの中にイヤな味の層を一枚挟んだままにしておくようなものです。

そこで、後悔を手放す簡単な方法をお伝えします。

まず、後悔することになった出来事が起こった時点にタイムスリップして、その時の自分の考え方と周りの状況を分析します。

やってしまったことを後悔しているなら「あの時は、できるという根拠のない自信があった」「自分の力が不足しているのを見抜けなかった」「勢いでどうにかなると思っていた」などです。そして、周りの人も「やってみないとわからないじゃないか」「動けば変わる、動けばわかるぞ」「チャンスだと思え」などと応援してくれて、いわば外堀が埋まった状態だったのを思い返します。「やらなかった」のを後悔している場合も、同様に当時の状況を分析します。

自分と周囲のこうした状況を冷静に思い返して、「あの状況では、自分が取る選択肢は〝やる（やめておく）〟しかなかった」と、今の自分が納得するのです。

後悔の本質は、やった時、やらなかった時、**心の底からそう思ったかどうか**です。心の底からそう思わなかったから今でも後悔しているのですから、あらためて今、心の底からそう納得すれば、ことあるごとに手を焼いていた厄介な後悔は姿を消します。

〝余った人生〟なんてありません

人生後半戦も七十代半ばの頃から、「余生」という言葉を使いはじめる方がいます。私は「余生」と聞くと、敏感に「そんなものはない」と反応します。

母は、私が二十六歳の時に亡くなりました。五十七歳でした。残された父は大正十二年生まれで、その時六十一歳でした。

父は、母の新盆の棚を、お寺の玄関正面の部屋にしつらえました。お寺の奥さんは、檀家さんともっとも多く接しているからです。お盆でお墓参りにいらっしゃる多くの方が、玄関から見える母の遺影に気づいて「そうか、奥さまの新盆ですね。お参りさせてください」と部屋に上がり、お線香をあげると、対応に出た父と母の思い出話に花を咲かせました。檀家さんで五十代半ばのある男性は、父とひとしきり思い出話をして、帰り際に、父を励まそうと言ってくれました。

「住職さん、奥さんを亡くしてお寂しいでしょうけど、お子さんたち三人も立派に成長されて、お孫さんもできたのですから、余生を楽しんでください」

すると父は、はっきりした語調で返しました。

「ありがとう。でもな、人の人生に〝余った人生〟なんてないんだ」

玄関横の部屋でそれを聞いていた私は、心の底から本当にそうだと思いました。

父は十代で特攻隊に志願しました。死ぬ覚悟をしたのです。幸い肝心の飛行機がなくなって生き長らえました。五十代からは胃と頭の手術を受け、そのたびに死を意識したことでしょう。その父が発した言葉だけに、迫力がありました。

私たちは、だれでも、余りがない人生を生きていきます。**仕事や子育ての第一線を退いたからといって、残りの人生が余り物になるはずがありません。否、余り物にしない人生を歩めるのです。**父も亡くなるまでそのように生きました。

余りのない人生をとことん楽しんでいこうではありませんか。

きびしい現実を受け止める五つのプロセス

かつて、「がん患者・家族と語り合う集い」(仏教情報センター主催。現在は休止)に僧侶として参加していた時のことです。アメリカの精神科医キューブラー・ロスが多くのがん患者と面談してまとめた〝死の受容〟の研究を知りました。そして、これは私たちが日常生活で直面する受け入れがたい現実を受容するためのプロセスにも当てはまると思い、大いに活用させてもらっています。

彼女が報告したのは、患者ががんを告知された時からの心の変遷です。

まず「ウソでしょ!」と〝**否認**〟します。日常生活では、スマートフォンが何の反応もしなくなったとか、昨日までなかったシミが顔にできた時にも、同じような心理状態になります。とても受け入れがたい初期の段階です。

そして〝**怒り**〟の状態に移ります。「よりによって、どうして私がこんな目に遭うのだ」という心の乱れです。「どうしたんだ、このスマホ！」「こんなところにシミなんかできないでよ！」と理不尽な状況に怒るのです。

次の状態が〝**取引**〟です。「どうしてがんになったのだろう。生活習慣が原因？遺伝？」と辻褄を合わせようとします。「このスマホ、そういえば何年使っているだろう」「肌のケアを十分にしてなかったからかなあ」と理由を探す状態です。

次が〝**抑鬱**〟。辻褄を合わせようとしても、原因を考えても自分が遭遇している事態が変わるわけではないので、ため息をついて落胆します。

こうしてやっと〝**受容**〟の段階になります。「死ぬのは避けられないから、生きているうちにやれることをやろう」と現実を受け入れられるようになります。「仕方ない、新しいスマホを買うか」「シミ対応の化粧品を探そう」という具合です。

戸惑う出来事や受け入れがたい現実に直面した時、自分の心は右のどの段階にあるのかを確認すると、少し冷静になれます。試してみてください。

心に平穏をもたらす〝諦める〟智恵

『般若心経』の冒頭部分に「度一切苦厄」があります。度は渡すという意味。「一切の苦と厄を、心安らかな岸（波羅蜜）に渡してしまった」というのは、苦悩から解放されたということです（厄は行き詰まりの意）。

このお経では、「空」のフィルターを通せば苦厄が除かれると説きます。私もそう思います。現実に、過去私が抱えていた問題の多くは、他人からすれば私が思っていたほど大きな問題ではなかった、というのが実感です。他の人が問題にしない理由を考えれば、「ならば自分の問題など些細なことだ」と納得できます。

私は、難しそうな、「空」の概念を持ち出さなくても、智恵の力があれば多くの苦厄は除かれていく気がします。実際、楽でおだやかな日々が増えてきました。

増えた理由は、物事はこうなっているという『般若心経』の分析を真似して、「諦める」ことを積極的に行ったからです。漢字の「諦」は、詳《つまび》らかにする、明らかにするという意味で、日本語の「断念する」という意味はありません。そして、日本語の「諦める」と「明らめる」は同源です。**自分の抱えている問題の本質を明らかにしないと諦められない**のです。

就職や転職、結婚や住居選び、大きな仕事の決断、現役引退の時期など、人生で向き合うさまざまな局面で選択を迫られた時、私たちは悩みます。悩んだ末に決断しようとしても「でもなぁ……」と振り出しに戻ってしまうこともあります。

ここで働かせる智恵は「二者択一まで絞り込んだら、どちらを取ってもそれぞれメリットとデメリットがある」「ならば、**どちらかに決めて、選んだほうを正解としてとりあえず進む**しか、止まらないお悩みメリーゴーラウンドから降りる方法はない」と明らかにすることです。

〝明らかにして諦める〟ことを覚えると、心おだやかに過ごせる日が増えます。

ほうげん和尚のお悩み相談
1

定年後の人生プランがまったく見えてこない自分

定年がリアルに迫っているのに、人生プランが全然見えてきません。実家へ帰ろうとは思っているが、どんな仕事ができるのか？　地元の友人はほとんどいないし、周りの人とうまく付き合っていけるのか？　不安ばかりが募ります。無趣味で社交性がない人間なので、何かする意欲もなく認知症になりそうな予感も。よきアドバイスが欲しいのですが……。（58歳男性）

◎〝なるようになる〟としておくのもいい

心配事がたくさんあるのですね。定年はあなたが人生で初めて迎える経験です。足を踏み入れたことがない未知の領域ですから、どうなるのだろうと不安になるのはわかります。

私が敬愛するSF作家・筒井康隆著の『現代語裏辞典』（文藝春秋）で、心配性は［心配し過ぎてその通りになる性格］と説明されています。私の身近にいる心配性の人も、言われてみれば、たしかにそのような性格をしています。

心配性の人は、あなたのように「こうなったらどうしよう」と多くを心配します。心配する数が多いので、そのうちひとつか二つは現実になります。そうすると、まだ起こっていない他の心配事も実際に起こるのではないかと、ますます心配になり、歯止めがききません。

心配性は、ある意味で危機意識が強いということですが、危機意識だけを抱いて不安がるのでなく、「こうなったらこうしよう」「こうならないようにこうしておこう」という危機管理に力を入れたほうがいいでしょう。

定年後の生活は、初めての経験なので、こう対応すればいいという経験値があなたにはありません。それは仕方のないことです。しかし、これまでの経験を踏まえた対応はできるでしょう。

心配性のあなたは、対応できる自信がないだけです。自信がないから心配になっているのです。**対応できる、できないにかかわらず、やれることをやって、「後はなるようになる」**と放っておけばいいのでしょう。この場合〝**対応できないので放っておく**〟**のも、ひとつの立派な対応の仕方**です。

その対応が正しいか間違っているかは、やる前も、やっている最中もわかりません。すべては、集まってくる縁によって変化してしまう「空」の状態だからです。

◎過去に生きず、未来を生きる

人生プランが見えてこない、実家へ帰って、自分にできる仕事があるか、周りの人と付き合っていけるかを心配していますが、『般若心経』ですべてが「空」というのは、まだ何も決定されていないということです。

実家へ帰るという縁によって、まだ見えない人生プランが見えてくるかもしれません。実家に帰ったとたんに仕事のオファーが舞い込むかもしれません。無趣味で社交性がないと思っているあなたですが、新たな縁によって、趣味ができ、社交性の才能が開花するかもしれないのです。

あなたは、過去の経験から〝こうなるだろう〟と予想しています。しかし、それでは〝あの人は過去に生きている〟と言われても仕方ありません。

あなたはこれから、未来を生きるのです。未来で変われる自分がいるのです。あなたが「空」であるというのは、そういうことです。

ほうげん和尚の
お悩み相談
2

じつは夫を愛していない自分が苦しい

結婚して33年、8歳年上の夫に自分なりに妻の役割を果たしてきました。しかし昔から夫は自分を小馬鹿にして見下し、家事もろくにできないとなじり、この30年ほとんど常に不機嫌なのです。最近地元でいろいろなご夫婦と接するようになり、痛切に感じたのは「自分は夫を愛してなんかいない」ということです。このまま夫婦生活をつづけられるのか、それが正しいのか、熟年離婚も考え、心が乱れています。（57歳女性）

夫婦の場合なら、家庭内別居や離婚という選択肢になりますが、伝え聞くところでは、そこには煩わしい経済問題（生活費、慰謝料など）が絡んできます。その問題を解決する覚悟はできていますか。

夫婦間の小さなひび割れが、三十年かけて大きなクレバスになってしまった今。これからは、互いを〝自分には関係ない人〟と割り切って残りの人生を歩むか、クレバスに梯子をかけて少しずつ意思疎通を図るか、互いを許容して深い裂け目を埋めていくしかないでしょう。

「自分は夫を愛していない」と気づいて、愛していない人と一緒に暮らす必要はないとお考えのようですが、愛していなくても、嫌いでなければ、一緒に暮らしていけるでしょう。少なくとも、今の私はそう思っています。

人は多くの側面を持っています。夫にもさまざまな側面があります。嫌いな面ばかり見ずに、観自在になって、少しだけでいいですから、別の良い、あるいは悪くない側面を探してはいかがでしょう。

ほうげん和尚の
お悩み相談
3

59歳になりますが、どうしてもアイドルになりたい

長年の夢、アイドルになりたいのですが、もう遅いでしょうか。子どもの頃天地真理やピンクレディーに憧れました。周りは取り合ってくれませんが、どうしても、だれに何を言われても歌って踊ってみんなを元気にしたいです。二人合わせて１２４歳という女性ペアや〃アラ還アイドル〃のｗｅｂ記事を見て励まされています。夢をあきらめたくありません。（59歳女性）

◎好きなことをしているのなら、イヤな顔はしない

みんなを元気にする方法は、アイドルになって歌って踊ることだけではないでしょうが、**何歳になっても、アイドルになるのに遅いことはありません。**

ただし、あなたが憧れた往年のアイドルたちは、所属事務所に作られたアイドルかもしれないことは知っておいてください（醒めた言い方で申し訳ありませんが、ある程度の客観性は備えておきたいと思います）。

作られたアイドルに対して、あなたは自力でアイドルにならなければなりません。いくら「好きこそ物の上手なれ（好きなものにはおのずと熱が入るから、それだけ上達が早い）」とは言え、行く道は険しいと覚悟しておきたいものです。

歌唱力もダンスのキレも、年齢と共に落ちてくる（変化する）のはわかり

きっています。そこでへこたれるようでは、夢は叶いません。

人は目標があれば我慢できます。〝どうしてもアイドルになる〟というほどの明確な目標（夢）があれば、きびしいヴォイストレーニングも、過酷なダンスレッスンも我慢できるでしょう。そして、加齢と共に落ちてくる声量や体力を「こんなはずじゃなかった」とがっかりせずに、「そういうものだ」と、目標達成のために我慢して受け入れる勇気も持てるでしょう。

アイドルになるという夢を取り合ってくれない周りの人は、あなたの努力に対して「いい年をして」と、冷ややかな反応を見せることでしょう。

しかし、あなたは好きなことをやるのですから、周囲のネガティブな反応にも、「ファンクラブに無料で入れてあげるよ」と笑顔で対応しましょう。それが、好きなことをやっている代償だと覚悟するのです。

◎希望は楽しい小道を歩かせてくれる

あなたの夢は〝なんてったってアイドル〟です。だとしたら、右のような覚悟をして、笑顔で努力しつづけてください。

努力すれば夢は叶うという精神論を持ち出そうとは思いません。しかし、少なくとも、夢を叶えるために、努力は必要最低条件です。努力すれば自己肯定感も高まり、徐々にアイドルに近づけます。

「希望はすこぶる嘘つきだが、少なくとも人生の終わりまで楽しい小道を歩かせてくれる」はフランスの文学者ラ・ロシュフコーの名言。どうぞ希望を失なわずに、ご精進ください。

今は、SNSという便利な情報発信ツールがあります。それらをフルに活用して、みごとなアイドルという花になってください。

その花がみんなに笑顔と元気を届けられる日が近いことをお祈りすると共に、天地真理さんが大好きだった私は楽しみにしています。

ほうげん和尚の
お悩み相談
4

愛人とは呼べないが好きな女性ができてしまった

60歳で移った会社で、部下となった30代の女性を好きになってしまいました。彼女の異動後も、月に4、5回は会って食事したり観劇したりする仲です。肉体の関係は一度だけです。妻には秘密です。だれにも迷惑はかけていないはずで、関係をやめようとは思いませんが、これを不倫と言うのでしょうか。お釈迦さまはこれを恥ずべき行為と言うのでしょうか。（62歳男性）

◎だれかの不幸の上に成り立つ幸せはない

私の感覚では、あなたが現在やっていることは、堂々たる、正真正銘の不倫です。

妻に内緒という時点で公明正大とはとても言えません。もちろん、多くの人には、だれにも言わずに墓まで持っていく覚悟をしていることがひとつや二つはあるでしょう。ですから、秘密があること自体は、仕方がないと思います。

それでも、だれかの不幸の上に成り立つ幸せはないと、私は思っています。

妻が事実を知らないということが、そもそも不幸な状態です。妻は何も知らないから不幸ではないという身勝手な理屈は成り立つかもしれませんが、妻が知ればまず修羅場になります。能面師の般若坊が打った、嫉妬に狂った女性の顔は〝般若の面〟と呼ばれます。『般若心経』の般若とは関係ありませんが、恐ろしい般若の顔になった妻を見る勇気が、あなたにはありますか。その覚悟はありますか。

だれかを裏切った上で成り立つ幸せも、また、ありません。

◎自分に対する恥と周りに対する恥

「だれにも迷惑をかけていない」とありますが、**迷惑かどうかは相手が決める問題で、迷惑をかけている側が決める問題ではありません。**

あなたのスマホやパソコンにも、何かたくらみがある迷惑メールが毎日送られてくるでしょう。受け取った側は迷惑千万ですが、送ったほうは「送るだけだから迷惑はかけていない。読む読まないは相手の自由だし、相手の裁量にまかしているのだ」と開きなおるのがいいところです。

迷惑メールの中に埋もれそうな大切な人からのメールを選別するこちらの労力を気にかけない、まったく身勝手な理屈です。

あなたがやっていることは、後ろ指を指されるのに十分な迷惑行為と言えます。相手の女性のこと、妻のことを、自分の都合のいいようにしか見ていない点で恥ずべき所業です。

仏教では恥を、自分を顧みて恥じる「慚《ざん》」と、周りに対して恥じる「愧《ぎ》」の二つに分類しています。この二つの羞恥心がないと、心はおだやかになれないと説くだけでなく、恥知らずは、禽獣と変わるところがないとまで言い切ります。

〝迷惑かどうかは相手が決める問題だと知らなかった〟というのが自分に対する恥です。〝妻に秘密にしている〟のが周りに対する恥です。

よって、今あなたがやっていることをお釈迦さまが知ったら悲しい顔をされるでしょう。

今は〝恋に恋している〟状態かもしれません。しかし、相手のことが本当に好きなら、相手のために潔く身を引くのが賢明でしょう。

ほうげん和尚の
お悩み相談
5

今さらながら自分の人生は誤りだったかと

息子が二人いますが、長男は18で家を出て、ほとんど実家に寄りつかない。次男は生まれつき障がいがあり、今後も夫婦で面倒をみる必要あり。家業（電気工事）も不調でこの10数年いいことはほとんどなし。子育ても失敗だったのだろうし、この人生どこかで間違えてしまったのだと悔やみます。今さら立て直すことはできなくとも、心の平安が欲しいです……。（58歳男性）

◎過去の自分にOKを出す

〝過去は過ぎ去った。未来はまだ来ない〟は、仏教が説きつづける真理です。ところが、過去を後悔し、まだ来ない未来に不安を抱く人がいます。

後悔を薄める手順は、今の自分が〝過去の自分〟を分析するところからはじめるといいでしょう。

「子育てに失敗し、人生をどこかで間違えた」とありますが、失敗したかどうか、道を間違えたかどうかは、すべては「空」なので、この後どうなるかわかりません。

「失敗はいつまでたっても失敗」と思っても、解釈の仕方によって失敗ではなくなります。人生をどこかで間違えたと思っていることも同様です。

具体的にお伝えします。あなたが過去にやったことは、おそらくその時点ではそれ以外に選択肢はありませんでした。

当時のあなたが子育てを甘く見ていた、仕事に打ち込んで子どもに寄り添えなかったなどについては、当時のあなたは「これでいい」としていたでしょう。それが、当時のあなたにとって、唯一の選択肢だったのです。『般若心経』で言えば「空即是色」です。ひとつの結果は集まる縁によって変化してしまいます。そのような不変の実体のないもの(空)が集まって、ひとつの現象(色・あなたの思考や言動)を作り出すということです。

それがわかれば、今のあなたは当時の自分を「あの時は未熟で、浅はかだったけど、当時はそう考えてしまう縁がそろってしまったのだから仕方がなかった」と慰められます。過去の事実は変えられませんが、解釈を変えることで、心に平安な領域が増えていきます。

今後、後悔しないためには、何かを選択する時に「心の底からそう思っているか」を自分に問う習慣を身につけたいものです。そうすれば、後悔の回数は大幅に減ります。

◎〝おかげ〟を感じて心の平安を得る

心の平安を得るにはさまざまな方法がありますが、心の問題ですから、まず、あなた自身の心を見つめ直すことをお勧めします。

仏教が説いている方法は、欲を少なくして足ることを知る（少欲知足《しょうよくちそく》）です。多くを求めなければ、満足できることが増えます。これは物だけではありません。「こうしたい」「こうなりたい」という欲も少なくすれば充足感が味わえます。今の生活に満足の種を探すのです。

具体的には〝おかげ〟を感じるアンテナを張ってみてください。自分を支えてくれる妻への感謝、近所との交流で生まれる何気ない日常の幸せ、仕事の依頼主に対する感謝など、あなたはすでにたくさんの〝おかげ〟の中で生きています。幸せの青い鳥は童話の中の話ではありません。それに気づいて、身近なところに青い鳥を探せば、心に平安が訪れます。

般若心経のこころ
1

『般若心経』はいつ唱えるのがよい？ 声に出す効果は？

『般若心経』は『摩訶般若波羅蜜多心経』というお経の一般的な略称です。頭に「仏説」がつくこともあります。約二七〇文字の短い経文に仏の教えが集約されています。前半では、すべては「空」（どんなものにも不変の実体はないこと）であることを理路整然と述べ、こだわっても仕方がないと説きます。後半では、「空」を見極める般若（智恵）を得た仏たちの様子が描かれ、般若の智恵を得て心おだやかな境地に入るための呪文が説かれます。

一日一回でも、いつ唱えてもいいお経ですが、こだわりから離れて心おだやかになってほしいと思う亡き人への供養（もてなし）にはうってつけです。また、何かにこだわって現れる霊や物の怪の類に対して唱えるのも効果絶大です。

文言の意味を考えなくても、唱えるのに慣れると一秒に三文字ペースで、一分半ほどで唱えきれるようになります。声に出して、均一の速さで唱えることで、日常では意識できないことを思いついたり、気づいたりする効果もあります。

第二章

手放してこそ得られるもの

——そのこだわりって、まだ必要ですか？

余計なもの、手放しませんか

四角い箱の上部に丸い穴があり、中に硬貨がどっさり入っている現金つかみ取りは、以前はよく商店街のイベントなどで行われていたものです。

このゲームの面白いところは、たくさん取ろうとすると手が穴から抜けなくなるところでしょう。「欲張ったら失敗する」「たくさん持ちすぎると身動きがとれなくなる」という人生訓を暗示させるような意味づけもできる気がします。こんな現金つかみ取りを縁にして、自分の生き方の見直しができれば、他項でお伝えした〝袖すり合う縁さえ活かす〟大才と言えるかもしれませんね。

自分の生き方や考え方を変える縁として活かせるのは、最近の出来事だけではありません。過去に起こったことも、かつての自分の考え方も、それを振り返って解釈を変えれば人生は好転していきます。

楽な生活を願ってお金に執着する時期もあったでしょう。しかし年を取ると、楽な生活をするための必須条件がお金だけではないことがわかります。ほどほどの生活ができるなら、心の安定さえあれば、十分楽な気持ちで人生が送れます。

経済的余裕に注目すれば、お金持ちは楽に暮らしているように見えます。しかし、心おだやかに幸せな生活を送るには、お金はそれほど重要ではないのは明白です。現金つかみ取りのように、必要以上の欲を手放せば楽になります。

ほかにも、かつて成功した自分のやり方やため込んだ荷物に固執して、自由になれないケースもあるでしょう。「人生は重い荷物を背負って歩くようなもの」は徳川家康の遺訓ですが、**ある年齢になったら、本当にその荷物が必要なのか中身をチェックして、「これはもう不要」「これは処分できるように移動しよう」など、まめに整理しておきたい**ものです。**握っていた余計な何かを手放せば、**手が穴からすっと抜け出るように、**心は自由になる**のです。

『般若心経』が解き明かしてくれること

『般若心経』のユニークな点は、冒頭で「観自在菩薩が深い般若波羅蜜多（心おだやかになるための智恵）の修行をしていた時に、五蘊《ごうん》（人を構成している五つの要素）はすべて「空」だと照見して（クリアにわかって）、一切の「苦」（ネガティブやマイナスの感情）と「厄」（行き詰まり）がなくなった」と結論めいたことを述べてしまうところです。

さらに、最初に「観自在菩薩」を登場させるのはニクイ演出です。観自在菩薩は、自在な観じ方ができる菩薩です。「生まれたものはいつか死ぬ」「お金持ちは幸せである」などの固定観念に縛られません。自由自在な感じ方や発想ができないと、「空」を理解することはできないと暗示しているかのようです。

ここで、観自在菩薩は、「私はいったい何なのだろう」と、とても個人的な洞察をします。自分と直接関係ない社会構造や宇宙、死などの巨視的なことではなく、自分を取り巻く世界と対峙している自分自身について考えたのです。これも「深い般若波羅蜜多の修行」のひとつです。

問題解決のための「で、私は？」というアプローチは、日常生活でも心おだやかになるのにとても役に立ちます。私は自分用に「『私のことをわかってくれない』と思っている私は、他の人をどれだけわかろうとしているだろう」という格言を作ったほどです。

『般若心経』は、文字の上では、仏者たちが数百年かけて解明してきた世の中のあり方、私たちの心のあり方を説明した上で、それらに「空」というフィルターをかけて心をおだやかにする方法を提示します。

しかし、〝一字に千理を含む〟（空海『般若心経秘鍵《ひけん》』）と言われるように、表面上の意味だけでなく、ひとつの文字や単語から学べることがたくさんあります。

「思い込み」のカセを外しましょう――不生《ふしょう》不滅《ふめつ》

人は心のリュックに、仕事、お金、生き甲斐、健康、夢など、荷物をたくさん詰め込んで生きています。

それらは、その人のある時期には大切だったものばかりで、かなりの量になり、ずっしり重かったりします。しかし、**過去には大切だったものでも、今は小さく、軽くしてもいいものもあります。**

『般若心経』は、私たちが「これは大切でしょ」と思い、大事にしまい込んでいる価値観のうちの代表格三つ（生滅・垢浄・増減）を例にあげて、「そんなことはない」と言い切ります。この三つが選ばれたのは、私たちが「生じた、滅した」「汚い、きれい」「増えた、減った」と一喜一憂して、心が乱れることが多いからでしょう。「不生不滅、不垢不浄、不増不減」は、六つの不の譬《たと》えなので「六不《ろっぷ》の譬え」と呼ばれます。

私たちは、人や生き物は生まれれば死ぬ（滅する）し、物も出来て（生じて）壊れる（滅する）のが当たり前と思い込んでいます。しかし、『般若心経』は生や滅から離れて心おだやかになるために、不生不滅を説きます。その部分を私流に意訳すれば次のようになります。

「では生じるって何ですか？　何もないところから突然何かが生じることはありません。何かが原因になり、それに縁が加わった状態を仮に〝生〟と言っているのです。〝滅〟も同様です。無になることはありません。物が壊れても別の形になります。死んでも亡き人の思い出や影響力は残ります。生も滅も『絶対にこういうもの』なんて言えないのですから、自分の思い込みに執着せずに自由になったほうがいいですよ」

思い込みのカセを外した自由なものの見方は、世界を何倍にも広げてくれます。

きれいも汚いも人の見方次第——不垢《ふく》不浄《ふじょう》

前項の「不生不滅」につづいて「不垢不浄」の考え方をご紹介して、五十年以上生きてきた中で染みついた価値観をリセットしていただきたいと思います。

あなたが汚い、垢だらけと思って嫌悪する代表格は、掃除がされず埃まみれの部屋や、使い古され手垢にまみれた物や道具、洗濯前の衣類などでしょうか。

私の好きななぞなぞに「森じゃ絨毯、街じゃゴミって、なあに？」があります。

答えは落ち葉。

家内にとって、私の部屋（住職室）はいつも散らかって汚いそうです。本を書くための資料や辞書が机の上に乱雑に置かれ、ペン立てにはペン以外にハサミ、ペンチ、筆などもアチコチの方向を向いて林立しています。

しかし、これらの風景は、私にとっては万華鏡のような世界なのです。きれいに整理整頓されたモデルルームのようだと、私はかえって落ち着きません。

そろそろ雑巾にしようと思っていた洗面所で使っているタオルを、家族が洗顔後に顔を拭けば「それ、雑巾にしようと思ったのに」と言いたくなります。同じ洗顔用タオルでも、もう雑巾に見えている人もいれば、顔を拭くのに十分きれいなタオルに見える人もいるわけです。他人の思いや事情まで知ることはできないし、人それぞれで見方は変わります。

作られた時は金箔や極彩色で彩られていた仏像も、長い間に金箔がはがれ、色も抜けてきます。その仏像を見て、古びて汚いと思う人は、制作当時の姿を再現すればいいのにと考えます。一方で、金箔がはがれて下地の漆が出ている仏像に、人々の願いを聞き届けてきた長い歳月を重ね合わせる人もいます。

見方が変われば、物の価値も変わります。納得いかないようなことも、自分の見方をリセットしてみると、他人の価値観に寛容になれるはずです。

増えた減ったに振り回されない——不《ふ》増《ぞう》不《ふ》減《げん》

〝増減〟と聞いて、心が乱れそうなものはお金と体重でしょうか。キャッシュレスの時代になっても、手持ちの残金は気になります。

お金には、使うと減る特性があります。現金の価値にだけ注目すれば、減るのが気になったり、心配になったりするのは仕方がありません。

私は、お金の増減が気になった時は〝等価交換をしている〟と考え直すようにしています。お金を使えば、その代わりに何かしらを得ています。物を買えば、お金が減る一方で物が増えていますから、プラス・マイナス・ゼロです。物でなくサービスを受けることもありますが、これもまた等価交換していると考えます。

年を取ると次第にそういう機会も減っていきますが、お金が増える場合も、〝金は天下の回りもの〟と割り切ることです。お金が増えるのは、世の中のお金の一部がたまたま自分のところに回ってきたのです。自分のところに長く留まらないのは残念ですが、すぐに別のところへ回っていくものと覚悟しましょう。

そのように考えれば、お金の増減で一喜一憂することが少なくなります。少なくなったぶん心の平穏が増えるので、これも等価交換かもしれません。

体重の増減も似たようなものでしょう。目の前の食べ物を食べれば体重は増加しますが、それは食べ物が胃に移動しただけと考えます。体重と食べたものの総量は変わっていません（もちろん食べた重さが体重にそのまま反映されるわけではなく、成分によってエネルギー源として消費されたり、体内で分解されて脂肪や骨になったりします）。

いずれにしろ、**増減については視野を広げて「トータルではプラス・マイナス・ゼロ」と考えられるようになる**ことで、増減に振り回されないですみます。

増減を気にするより、自分の生き方や心のあり方に気を使いましょう。

絶対不変の価値というのはありません

「どんなものにも不変の実体はないから、こだわらないほうがいい」と説く『般若心経』の、生滅、垢浄、増減という「六不《ろっぷ》の譬《たと》え」についてお伝えしました。三つの例を提示したのは、対義語がある概念に振り回されないほうがいい、注意したほうがいいと説いているのでしょう。

日常生活では上下、長短、善悪などの両極で理解したほうがわかりやすいことはたくさんあります。しかし、わかりやすさを優先してどちらかに固執してしまうと、心を乱す原因になるケースも少なくありません。

子どもの頃に人と違ったことをしようとして、親から「常識をわきまえなさい」と反対された経験があるでしょう。私は何度もあります。そのたびに「常識って何なの？　だれが決めたの？」と食い下がりました。心おだやかな境地を目指す仏教では、〝常識〟を疑ってかかる（とらわれない）子どもの言い分に軍配があがります。常識的なのはよくて非常識はだめ、という固定観念に縛られない点で心が自由だからです。

〝成功と失敗〟も不変の価値ではありません。失敗は成功のもとです。古人の言うように、失敗を失敗のままにしておくのが一番の失敗でしょう。

〝難しいとやさしい〟にとらわれるのも勿体ないでしょう。難しいから飽きないし、やりがいがあることもたくさんあるからです。

〝ピンチとチャンス〟については、「ピンチこそ最大のチャンス」と経済の世界でも言われるのはご存じのとおりです。

〝終わりとはじまり〟も同様です。**終わりは何かのはじまりです。はじまればいつか終わりを迎えます。**はじめるのがいいとは限りません。「はじめるより、終わりにするのが大切な事（時）もある」は私の座右の銘の一つです。

あなた自身も「縁の集まり」です——色即是空《しきそくぜくう》

「色即是空、空即是色」は『般若心経』の中でもとくに有名な一節です。「色は即ち是れ空、空は即ち是れ色なり」と書き下される部分で、色は物体のこと。

わかりやすいように、あなたが触っているこのページの紙を例にご説明します。紙の材料は木ですが、本書の紙になった木はおそらく外国産でしょう。樹齢は数十年というところでしょうか。その木が育つには「縁」が必要です。太陽の光で光合成をし、雨がしみこんだ土地から水分や養分を得て成長しました。その雨は雲から落ちてきました。このページの紙には、太陽や雲も一役かっているのです。私は年に数回ですが、一枚の紙の中に雲や太陽を見ようとします。

このページは、元になった木を育てた自然の力だけでできているわけではありません。木の枝には鳥が巣を作ったかもしれません。リスが走り回り、虫たちも集ったことでしょう。育った木が伐採され、枝が落とされ丸太になり、船で日本に運ばれて製材され、紙になります。木を伐採した人、船の乗組員、製材所の作業員、さらにそれらの人の安全な作業を祈った家族もいたでしょう。

こうしてできあがった紙で本書は数千部印刷されますが、あなたが手に取るという「縁」が加わって、今、あなたはその紙に印刷された文字を読んでいます。いかがでしょう。これが「色（物）は空（縁の集合体）であり、空（縁の集合体）が色（物）である」という意味です。

紙をたとえにして「物は空というあり方をしているし、空というあり方が物になっている」ことを伝えましたが、これはあなたの肉体や心についても言えます。**肉体も心も縁によって常に変化していきます。**「自分はいつだって自分だ」と思うのではなく、多くの縁の集合体が自分なのだと意識することで、自分を構成している縁を〝おかげ〟として感謝できることが多くなります。

こだわりも執着も手放せる「心の大掃除」のすすめ

〝こだわり〟や〝執着〟は、心がその場から動かずに、じっとしている状態です。しかし、私たちを含めて、すべての作られたものは集まる縁によって変化するので同じ状態を保たないという〝諸行無常〟の法則から逃れることはできません。歯を食いしばってその場に留まっても、周りが変化します。そのために、変化に対応しない自分だけ取り残されたような気になることもあります。

「昔はこうだったのに、今の人（時代）は」と現在の状況に対応できずに愚痴をこぼしたくなったら、変化に対応していない自分に、つまり過去の状態や価値観にとらわれている我が身に笑顔で気づける勇気は持っていたいものです。

私の好きな言葉に「過去を振り返るのは、何かを生み出す時だけでいい」があります。生み出すのは「健康だったのに、今は薬を何種類も飲まなければならない」と惨めさを生み出すことでもありませんし、「あの時、お金の欲を出したばかりに人からの信頼を失ってしまった」と苦悩を生み出すことでもありません。

「かつて健康だったのは若かったからだろう。これからはもっと体に注意を払おう」と、しっかり前を向いて進むための元気を生み出せばいいのです。

「欲を出したのはまだ人間関係の機微を知らなかったからだ。お金を増やして心や生活を満たすよりも、普通に暮らしていく中で心を満たすほうが大切だ」と、**自分を縛っていた、結果的に行き詰まってしまうような価値観と決別する勇気を生み出す**のです。

前向きな何かを生み出せるなら、過去を振り返るのは、心の大掃除にうってつけでしょう。さあ、どんなゴミがポロリと出てくるでしょう。出てきたゴミを素直に受け止め、笑顔で、そして楽しみながら片づけていきましょう。

人生はいまだ意味づけされない「未意味」

自分のやっていることが本当に自分のやりたいことなのか、自分に合っているのかと考えたくなるのは、二十代から四十代くらいでしょうか。自分は何が好きで、何が嫌いかはわかっていますから、自分のことはわかっているつもりになっています。その上で、自己実現の方法を模索したくなるのでしょう。

しかし、自分が好きなものは、経験という縁が加わることで変化していきます。自分の好きなものと違って、だれか(何か)の役に立つやりがいなども登場します。

ですから、**本当にやりたいことも、自分に合っているものも変わっていきます。**

「これが私のやりたかったことで、私にもっともふさわしい天職だ」と言えるようなものに出合っても、五年、十年と時間が経ったり、人間関係でいざこざがあったりすれば、「これではなかった」と再び自分探しをはじめることになります。まさに「空」です。

人生後半になってふと思うのは〝人生の意味〟でしょうか。人生に意味があれば充実した人生が送れると考えるからです。

しかし、万人に共通した〝人生の意味〟など、あるはずがありません。あるとすれば〝自分の人生の意味〟でしょうが、私はそれさえないと思っています。

「人生に意味なんかない」と私が言うと、「えっ、無意味ですか」と驚くとともに、がっかりする人がいます。そもそも、何にでも無理して意味づけすれば、つけた意味に縛られて生きるようになるので窮屈です。

私が言いたいのは、無意味ではなく、人生はいつだって、まだ意味づけされていないという〝未意味〟です。人生に意味づけをしたければ、今日までの人生を振り返って付けるタイトル（我武者羅、五里霧中、感謝、空など）があなたの人生の意味です。しかし、そのタイトルも、時が経つと変わっていきます。

集められる縁を集めたら あとは待つだけ

将来に希望が持てない、夢がないとおっしゃる方がいます。希望や夢がなければ、それを叶える努力もしないでしょう。叶った時の喜びも味わえません。

空の大原則によって、夢そのものにも永遠不滅の実体はありません。実体のない夢が実現するのは、ポーカーでロイヤル・ストレート・フラッシュになるように、すべての縁がそろったときだけです。

しかし、その縁も変わってしまうので、夢の状態を持続させるには、同じ状態にしておくための縁を集めつづける必要があります。

とても面倒な気がするかもしれませんが、それほど難しいことではありません。温かい料理を食べるのに、保温器に入れる、温め直すという縁を加えるのと同じです。

夢を叶えるには、それを可能にする縁を集めなければなりませんが、その縁には**自分で集められるものと、自分では集められない縁の二種類があります。**

自分で集められる縁は、情報を集める、勉強する、協力してくれる人脈を作る、資金を準備するなどがあるでしょう。どれも自分の努力で集められる縁です。人にやさしく誠実に接するといった日々の心構えも、縁を呼ぶには大事です。

しかし、世界の社会情勢や経済の動き、気候変動や大自然の活動などは個人の力ではどうにもなりません。健康や身の安全は自分の努力で守れる部分もありますが、病気になる、事故や災害に遭うなどの可能性は残ります。

夢や願いを叶えるために、自分で集められるだけの縁は集めましょう。それ以外の縁はどうすることもできませんから、うまくそろうのを待つだけです。

待てずに悶々とする気持ちは潔く捨てておきましょう。「やるだけやったら、あとはなるようになる」という心境でいればいいのです。

比べることをやめれば心はぐっと楽になる

『般若心経』では、私たちが認識したことをどう考え、どう判断するかという精神活動を「識」としますが、結果的に、それさえも不変の実体はなく、「空」という状態なのだと説きます。むきになって、「だれだって、そう考えるのが普通でしょ」と言えるものなど何もないというのです。

ところが、私たちは「これはこういうものだ」と頑《かたく》なに信じ、なかなか手放せず、心を乱してしまうものがあります。そのひとつが〝比べる〟という習慣です。

親は、子どもの身長や体重を他の子と比べて心配し、成績で比べて焦ります。子ども自身も成績で比べられ、親戚の子と比べられます。比べて勝っていればいいのですが、劣っていれば不安になります。努力して肩を並べるくらいになる子もいれば、劣等感で卑屈になってしまう子もいます。

多くの人は比べられることにうんざりしてきたのに、比べることに慣れきっているからでしょうか、自分も他と比べてしまう負の連鎖が止まりません。

ある僧侶は「比べて喜べば他を傷つける。比べて悲しめば己を失う」という名言を残しています。「私はあなたより上だ」と喜べば、相手は傷つきますし、その優越感が傲慢という黒い固まりになって、心を蝕《むしば》みます。比べて悲しめば、自分はダメだと劣等感に苛まれ、他と比べずに自分の力だけを伸ばす作業がおろそかになります。これが〝己を失う〟ということです。

また、**比べることの落とし穴は、比べる相手によって優劣がアッという間に逆転する**ということです。**上を見ても下を見てもキリはなく、心の霧も晴れません。**

今のところ、比べてもいいと私が思うのは、過去の自分との比較だけです。「あの頃の自分に比べたら、今はどうにかましになった」と自己肯定できるならOKでしょう。他と比べる習慣をそろそろ手放しませんか。楽ちんになりますよ。

ほうげん和尚の
お悩み相談
6

三人娘のだれも結婚せず、孫の顔も見られずに終わりそう

娘が三人いますが、一人も結婚せずにみな中年期を迎えつつあります。こんなことは想定外で、孫の顔さえ見られずに終わるのかと暗澹《あんたん》とします。それより「結婚もせず、娘たちは本当に幸せを得られるのか」という親の思いも深刻です。本人たちは「いい相手がいないから仕方がない」と言いますが、母親としては心苦しくてたまりません。（67歳女性）

◎孫だけが〝幸せの青い鳥〟ではない

孫の顔が見たい、一緒に遊んでやりたい、運動会やお遊戯会にも行ってあげたい、ランドセルも買ってやりたい……そんな昭和生まれの祖父母の気持ちはよくわかります。

あなたが思い描いているような家族の形が、昭和の世代では理想の姿でした。あなたは理想どおりの結婚をし、三人の娘の母となり、あなたの両親に、祖父母としての〝普通の幸せ〟をプレゼントしたのです。

しかし、三人の娘たちは、あなたの願いを叶えるために生きているわけではありません。もし、そうあってほしいと思うなら、それは『般若心経』の中に出てくる、（菩薩たちはしない）ひっくり返ったものの見方（転倒）であり夢見物語（夢想）と言えるかもしれません。

三人は、あなたが自分の人生を歩んできたように、それぞれの人生を歩

んでいます。親の手を離れて生きているだけでも、親として誇りにしていいし、安心していいと思います。

血のつながった孫の顔を見たり、遊んだりすることばかりがあなたの幸せではありません。他にも、あなたが幸せを感じられることは、その日を元気で過ごした、趣味の時間で心が満足した、美味しい食事を食べたなど、日常の中にたくさんあるはずです。

あなたを幸せな気持ちにさせる〝青い鳥〟は、我が子や孫だけではないはず。**あなた自身の足元に探してみてください。**

◎「子どもの結婚＝自分の幸せ」にしない覚悟を持つ

「いい相手がいないから仕方がない」と結婚しない言い訳をする娘たちに、大きくため息をついているようですが、その言葉をそのまま素直に受けて、あなたが「それでは仕方がない」と思えたらいいと思います。

『般若心経』が「空」を説く理由のひとつは「世の中はこうなっているから私の都合どおりにならないのは仕方がない」と、よい意味で諦めるためです。

昭和三十三年生まれの私はあなたと同じように、結婚して幸せな家庭を築くという夢を持っていました。三人の子どもたちが（今では死語の）〝適齢期〟になった頃、「お父さんとお母さんを見て、結婚はいいものだと思うだろう」と誘い水を向けたことがありました。「つらいことがあっても訴えることもできず、楽しいことがあっても語り合うこともできぬ。独り身とは心細いものよのう」と、講談のセリフを紹介したこともありました。

しかし、諸条件（縁）が加わって「結婚＝幸せ」の価値観は揺らいでいます。パートナーという考え方があるだけでなく、結婚しても寂しい人、独身で人生を謳歌している人が周りにたくさんいるようになったのです。

そろそろ、子どもや孫を頼りにしない、自分自身の幸せを模索しはじめてはいかがでしょう。

ほうげん和尚の
お悩み相談
7

父との確執抱えたまま失踪の兄、葬儀にも現れず

兄、私、弟の三人兄弟で、父と兄は過去に壮絶な諍《いさか》いがあったらしく、兄は30代で家を出たきり一度も故郷に帰らず、ほぼ音信不通に。父が亡くなった時も母が亡くなった時も葬式にも来ていません。詳しいことはだれも知らないまま両親が逝ってしまいました。兄が亡くなったとしても、あの世で両親と会うことも、和解することもないのでしょうか。（60歳女性）

◎確執は〝こだわり〟が生み出す

家族であっても、一人一人がそれぞれの経験を経て、それぞれの価値観を持って人生を歩みます。その間の経験をもとに価値観を強固なものにしたり、修正したりします。まさに、人は「空」の存在で「あの人はいつだってこういう人」と言い切ることはできません。だからこそ、人生や人は面白いと思います。

では、あなたの疑問に順番にお答えしていきます。

ご両親のお葬式が仏式で行われ、戒名をもらっているなら、あの世でのお兄さんとの確執は心配しなくても大丈夫です。戒名をもらって仏教徒になったのなら、心おだやかな人になるのを目標にしています。

そのための教えに熱心に耳を傾け、咀嚼し、行動に反映させます。教えの中には『般若心経』のように〝こだわり〟から離れるものもあれば、許・

恕《じょ》・宥《ゆう》などで表される〝ゆるす心〟を持つ大切さを説くものもあります。

両親はそのような教えを受けて、心おだやかな人になるための道を歩いているので、壮絶な諍いについては解決しています。それを根に持ちつづければ心おだやかになれないのを、両親が一番よくわかっているからです。

ご両親は今頃、あちらの世界で「ケンカなんて、どちらに理屈があろうと、所詮、バカを看板にしているようなものだったな」とニンマリしているでしょう。

◎祈りは時空を越え、あなたの心を落ち着かせる

次に、ご両親が仏教徒でない場合についてです。

その場合は、あなたが『般若心経』を唱えて供養してあげるといいでしょう。供養は「もてなし」と考えてさしつかえありません。

すべてに〝これ〟という不変の実体はありません。実体のないものに「こ

れはこういうものだ」とこだわっても仕方がない――そう説いているのが『般若心経』です。父と兄の諍いも、互いのこだわりが原因ですから、『般若心経』はうってつけです。

行方不明のお兄さんが万が一にも亡くなっている場合をも想定して、両親や兄をイメージして『般若心経』の教えが届きますようにと祈りながら唱えるといいと思います。写経をしてもいいでしょう。

ご両親の冥福を祈るにしても、旅に出ている家族の無事を祈るにしても、祈りは時空を越えるので、あなたの願いはきっと届きます。

科学的な合理性を求める人は、祈りの力で現実がどうにかなるわけではないと考えて〝祈り〟の効用を否定するでしょう。しかし、そのような人でも運動会や遠足の前の日にてるてる坊主を作ったでしょう。

祈りは、その人の心を安らかにする力があるのです。

あなたの祈りも、〝両親と兄に関する心配〟を和らげる力になります。

ほうげん和尚の
お悩み相談
8

禁酒禁煙には成功したのに、お菓子がやめられず

医者から言われ、2年前に酒もタバコもやめました。これで健康になれるかと思っていたら、口寂しさからスナック菓子に手が伸びるようになり、女房がいない時はポテトチップスやチョコ菓子などを食べるのがやめられなくなりました。会社帰りの電車でも食べてしまいます。体重もみるみる増加中。この欲求をなんとか抑えたいのですが……。（57歳男性）

◎とことんこだわってしまえばいい

相談を読んで「男は死にたくないから痩せる。女は死んでもいいから痩せる」という、とても笑えないブラックジョークを思い出しました。

科学者であるドクターから酒とタバコにストップがかけられると、思い切ってやめられるのですね。

生理学上のさまざまな数値が悪いという縁と、自分でも体調が悪いのを自覚していたという縁、さらに妻に怒られたり、迷惑をかけたりするのは嫌だという縁が三位一体となって、禁酒禁煙という結果になったのでしょう。『般若心経』の「空」の考え方の土台になっている〝縁起の法則〟の存在を改めて感じます。

『般若心経』は、すべては不変の実体はないという「空」を基調に、実体のないものにこだわっても仕方がなく、こだわりから離れれば心はおだやかになれると説き進めます。

こだわりは、自分がいるところ（考え方）を変えないということですが、縁が変わってしまうので結果は同じ状態を保たないという諸行無常の原則によって、周りは変わります。周りが変わっていくのに自分だけその場にいつづければ、心はおだやかではいられません。

現実では、ついこだわってしまうのが私たちです。**とことんこだわってみないとわからないことがあるのも事実**です。細部にまでこだわる学者や職人は、それをよく知っているのでしょう。

◎限界まで行くか依存先を変えてみる

下手をすると、倒れるまでこだわらないと、「ここまでこだわってはいけない」とわからないこともあり、「こだわらなくてもたいした問題ではなかった」と明確にならないケースもあります。

ですから、あなたの場合、とことんお菓子を食べることにこだわりつづければいいと思います。病気になる直前までお菓子への欲求を全開にすればいいのです。そしてドクターに「このまま太りつづければ、死にますよ」と再びストップをかけてもらえばいいのです。そこまでして、やっとわかることがあるのです。

その荒療治も解決のひとつにはなりますが、依存先が酒タバコからお菓子に変わったように、あなたは何かに依存する傾向が強いのかもしれません。口寂しさを満たすなら、お菓子ではなく、健康を害さない別の食べ物にシフトすればいいでしょう。糖分を控えた自然食品でも美味しいものはたくさんあります。何かに依存さえしていれば、心の安定が保てるなら、仕事や趣味に没頭する（こだわる）時間を増やすのもいいかもしれません。

今しばらくは、自己責任でこだわりを野放しにしてもいいと思います。でも、奥さまは「もっと私にこだわってよ」と言うと思いますよ。

ほうげん和尚の
お悩み相談
9

友人だと思っていた同僚は友人ではなかった

退職したとたん、友人だと思っていた同僚は友人ではなくなった。ただ愚痴の吐け口で、都合のいい時に上司に取り次いでほしかっただけだとよくわかった。よき同僚で今後も付き合いはつづくと思っていたのに、肩書がないともう見向きもされなくなった。飲みにも誘われなくなりショックを受けている。年を取るとこうしたことをじっと受け入れるしかないのか。（60歳男性）

◎〝人は裏切るもの〟と知る

生涯を通した友人だと思っていた同僚は、会社という囲いの中だけの友人だったと、囲いから出たあなたはガッカリしているのですね。

あなたは、友人は裏切らないと思っていたのでしょうか。もしそうなら、友人だと思っていた同僚は、単に、あなたの〝友人〟ではなかったということです。**あなたに人を見る目がなかったということ**です。

私は、友人でも親友でも、夫婦であろうと〝人は裏切る（それも驚くほどあっけなく）〟と覚悟しています。友人関係でも、その関係は「空」なので不変の実体はなく、諸行無常（同じ状態を保たない、保てない）の原則から外れることはありません。

人が裏切ることについて、私は次のように考えています。

一、人は、裏切りだと承知して裏切ることがある。それはその人を取り巻く環境、条件、縁が変わったから本人としては仕方がなかった。どう変わったか客観的にわかる場合もあるが、推測しかできないこともある。

二、裏切る人の中には、本人は裏切ったと思っていない場合がある。状況が変わったことに対して、本人は単にそれなりの対応をしただけで、何も悪いことはしていないと考えている。そうであれば、こちらが「裏切りだ」といくら憤慨しても、相手は何とも思っていない。

こうした私の〝裏切り〟の割り切り方に、あなたは「それはそうだが、あれだけ気心を通わせて愚痴を言い合い、酒を酌み交わした仲なのに」とやるせなさを感じるかもしれません。

しかし、あなたは親の期待、学生時代の友人や先生の期待、会社の期待に応えてきたでしょうか。応えていなければ、あなたは相手の期待を裏切ったことになります。

◎受け入れるのではなくスルーする

友人だと思っていた人が友人でなくなったのは残念で、切ないでしょう。

しかし、諸行無常の原則によって、数か月後にひょんなことから、あなたの誤解だったと発覚するかもしれません。

手のひらを返したような態度を取った友人が己の非を詫びて、再び生涯の友人になる可能性もあります。そう考える心の猶予は持っていましょう。

同僚でも、近所でも、親戚でも、人間関係はベッタリでなく、サッパリしたものでも十分関係性を保っていけます。古人が「**来るもの拒まず、去るもの追わず**」と言っているのは、そのことです。

あなたは、今回のことを「受け入れるしかないのか」と、煮え切らない様子ですが、〝受け入れる〟のではなく、「まあ、そういうものさ」と軽くスルーできるようになる日が来るといいです。

ほうげん和尚の
お悩み相談
10

根深い母親への恨みを墓場まで持っていくのか

60代半ばの今も、子どもの頃に母親から受けた虐待や言葉の暴力が許せずにいる。小学生の時は毎日泣いていた。亡くなった時も一滴の涙も出ず、悲しさもなし。まったく自己肯定感が持てないのは母親のせい。カウンセリングに大金を使ったが何の効果もなかった。母への遺恨は薄れもしない。この憎しみは墓場までつづくのでしょうか。（66歳女性）

◎親を許さなくていい

つらい日々をお過ごしですね。

「あの人は本当は母親になってはいけない人だった」と思ったこともあるでしょう。しかし、彼女が母親にならなければ、あなたは生まれていませんし、幸せにもなれません。

母親のせいで、幸せになんかなれないと思っているかもしれませんが、あなたは幸せになっていいし、幸せになれるのです。

〝自分の不幸をだれかのせいにしている人は、そのだれかを許さない。許すと、自分の不幸が説明できなくなるからだ〟という言葉を友人に教えてもらいました。とても深い言葉です。

幸せや不幸は自分で決める問題です。他から「考えてみれば、～なのだから、あなたは幸せですよ」とアドバイスされることはあっても、それに耳を傾けて「なるほど、言われてみれば、私は幸せかもしれない（不幸ではないのかもしれない）」と思うのは本人次第です。

母親を許してあげてくださいとは申しません。還暦を過ぎてもなお、子どもの頃の母親からの虐待や言葉の暴力がフラッシュバックするくらいですから、許せないでしょう。それほど心の傷は深いということです。

そこで、母親を許さなくていいので、哀れな人、可哀想な人だと思ってください。どのように子育てしていいのかわからずに、親としてのやさしさや愛情を育むことなく、我が子に自分の感情をそのままぶつけざるを得なかったとはいえ、ここで、あなたが人間として彼女の上に立つのです。

さげすむとまでいかなくても〝上から目線〟になって、哀れんでしまえばいいのです。「母親を哀れむなんて、人として傲慢なのではないか」と躊躇《ちゅうちょ》するには及びません。あなたのようなケースなら、積極的にそう思わないと、あなた自身が前に進めません。

◎小さな成功体験を重ねていく

自己肯定感が持てないのもよくわかります。やること、なすことを親に否定されつづければ、そうなります。

そこで、これからは小さな成功体験を積み重ねてください。あなたはこれまで道端に小さな花が咲いているのに気づいた、笑顔で挨拶ができた、お礼が言えた、相手に関心を持てたなど、小さな成功をしてきたのです。まず、それに気づいてください。

その上で、これからも〝これができた〟〝これをやった〟という気づきを、いくつもいくつも積み重ねていってください。仏教にも、お釈迦さまのようにドッカーンと、一気にすべてを悟るのではなく、小さな悟りを重ねていけばいいとする別解脱《べつげだつ》という考え方があります。

自分の不幸を親のせいにせず、どんどん幸せになってください。

『般若心経』の語り手と聞き手は？

多くのお経は、だれが、どこで、だれに対して教えを説いたという状況が冒頭で説明されますが、『般若心経』は短いので、この教えが説かれた場所の記載はありません。

どんなお経も、お釈迦さまが説いたというのが前提になっているので、語り手はお釈迦さまです。

聞き手は、お釈迦さまの十大弟子の中、智恵第一と異名を取る舎利子《しゃりし》。般若（智恵）を説く相手としてこれ以上の適役はないという設定です。

本名はシャーリプトラ。「シャーリ」はお母さんの名前です。「プトラ」は「息子」の意で、英語のマクドナルドやマクレガーのＭａｃと同じです。他のお経では、舎利弗《しゃりほつ》や舎利とも呼ばれることもあります。

お釈迦さまが舎利子に「観自在菩薩が、深い般若波羅蜜多の修行をしていた時のことだ……」と語りはじめるところから『般若心経』はスタートします。

第三章

不安や苦しみのやさしい消し方

——人生後半を心おだやかに過ごすには

イヤだと思う人からは、もう離れていい

人間関係の中で暮らしていれば、苦手な人はいるものです。

正論しか言わない人、自慢話ばかりする人、他人のことに関心を持たないで自分のことしか言わない人、何かにつけて恩を着せる人など、付き合うのが面倒になる人です。

しかし、正論ばかり振りかざす人も、何かをきっかけにして、清濁を併せ呑める人になることもあります。自慢話しかしなかった人が謙虚になることも、自分のことしか言わない人が他人に興味を持つようになったり、恩着せがましい人が「おかげ」を口にするようになったりすることもあります。

心やさしい人の中には、いつ変わるともしれぬ相手が、いつか変わってくれる

のではないかと期待しながら付き合いつづける我慢強い人もいるでしょう。

若いうちはイヤな人や事に、忍耐強く付き合うのも必要かもしれません。自分を中心とした小さな人間関係の中でも、種々さまざまな人がいるのを実感することで、人に応じた接し方のバリエーションを増やすことにもなります。

あるいは、「その人の悪口を他人に言うようになったらアブナイ」「イヤだなあを超えて憎むようになったらアウト」など、人に対する自分の許容範囲や堪忍の限界を知ることにもなるかもしれません。

しかし、**人生の折り返し五十代を通過したら、**イヤな人や事から離れてしまっても問題はありません。**自分の心を苦しめ悩ますものと、無理をしてわざわざ付き合わなくていい**のです。**苦手だと思うならスッと離れて距離を置きましょう。**

イヤなものに付き合わなくても、心を磨く材料は、芸術や自然などのように自分の心が喜ぶことだけでなく、他の人からの「ありがとう」や心配りの言葉をはじめとして、ごく普通の生活の中にたくさんあるからです。

苦しみや悲しみにも不変の実体はありません

どんなことも、不変の実体はなく「空」というあり方をしています。苦しみや悲しみも「空」です。こうした感情を『般若心経』では〝意識界〟と表現しています。

自分のことがわかってもらえない苦しさや、愛する人を亡くした悲しさは本人にとって切実です。この苦しみ・悲しみにも「実体がない」などと聞けば、「それならこの苦痛と悲哀はいったいなんなのだ」と言い返したくもなるでしょう。

しかし、苦しみや悲しみは本人にとって切実でも、それがどれほどのものかは他人にはわかりません。同情した人から「つらいでしょう」と言われても、「あなたに私のつらさはわからない」と心の扉を閉じてしまう人もいます。

つまり、だれもが同じように共有できる不変の苦しみや悲しみがあるわけではないのです。そのつらさや深さは本人だけにしかわかりません。それを理解すれば、共感してくれた人に素直に「ありがとう」と感謝できるようになります。

そして、だれにもわからないであろう**自分の中の苦しみや悲しみも変化します。**どん底に落ちるような人生最大級の苦しみや悲しみさえも、徐々に弱まっていきます。その変化は、私の経験上からも言えますが「時間の経過」によって起こります。おそらく、強烈な苦しみや悲しみを持続させないようにする機能が脳にあるのでしょう。それを「時」が手助けするのです。苦しみは「都合どおりにならないから苦しいのだ、ならば都合を小さくしよう」と苦の解釈で和らぎ、悲しみは別の楽しみで覆うことで少しずつ薄らいでいきます。

亡き人を供養する現場にいる僧侶として強く感じるのは、〝悲しさ〟ではなく〝寂しさ〟の処理の難しさです。時間が経過してもかえって強くなることがあるのです。今の私には、残念ながら寂しさを克服する方法をお伝えできません。方法がわかったら、別の形でお伝えしたいと思います。

起こってもいない心配事を不安がる必要はなし

「浜の真砂は尽きるとも世に盗人の種は尽きまじ（砂浜の砂がなくなったとしても、盗人はけっしていなくならない）」は、石川五右衛門の辞世の句として知られています。私は「盗人」の代わりに「不安」や「心配」でも通用すると思います。諸行無常（すべての作られたものは、それを作っている縁が変化してしまうので、同じ状態を保てない）の世の中でも、多くの人は何事もない平穏状態が続いてほしいと願います。その願いを叶えるためには、平穏な状態を乱す要因を排除しなくてはなりません。

しかし、心の平和を乱す要因を具体的に想像しただけで、もし本当にそうなったらどうしようと不安になり心配になります。

私の周りにいる不安症、心配性の人を観察すると、ひとつの傾向があります。「病気になったらどうしよう」「お金がなくなったらどうしよう」「人から悪く言われたらどうしよう」「伴侶が死んだらどうしよう」「これ以上太ったらどうしよう」など、石を投げれば必ず不安や心配の種に当たるほど、いろいろなことを不安がり、心配するのです。それだけ危機意識が高いとも言えるかもしれません。

こうした人は、不安に思っていることや心配事のうち、ひとつでも現実になれば他も現実になるのではないかと危惧します。不安要素や心配の種が多ければそのうちひとつくらいは現実になります。しかし、不安や心配事の残りは実際には起こりません。ある意味で妄想と言ってもいいでしょう。『般若心経』では「夢想」という言葉がそれに当たります。

「こうなったらどうしよう」と不安になるのはわかりますが、ただ怯えるのは愚の骨頂。「こうなったら、こうしよう」と具体策を考えておく一方、「まあ、なるようになる」と覚悟を決めるのも般若（智恵）です。

過去の事実は変えられないが解釈は変えられる

昔のことを自慢して得意になったり、逆に今の自分を惨めに言ったりする人がいます。かつてやったことを悔やみ、それをいまだに引きずって心乱す人もいます。そんな人に対して仏教は「過去は過ぎ去った」と一刀両断にします。

一度起こった事実は、残念ながら変えられません。変えられませんが、その事実の解釈については変更できます。

私が生まれた事実は消えません。誕生という事実を「生んでもらった」と感謝を込めて解釈することはできます。

また別の解釈も可能です。自分には二人の親がいて、それぞれに親がいて、自分にとっての祖父母は合計四人。その四人にもそれぞれ二人の親（自分にとっては曾祖父母）がいます。三代（約百年）さかのぼると親の合計は十四人になります。そう考えると、自分が生まれたのは命でつながっている巨大なピラミッドの頂点に立ったようなもので、この命、粗末にはできないなと思います。

自己啓発系やスピリチュアル系の言葉に「あなたが経験するすべてに意味がある」があります（私は好きな表現ではありません）。〝意味がある〟ではなく、〝解釈の仕方によって自由に意味づけできる〟ということでしょう。

過去を振り返って、「当時は精神的にきつかったけれど、今の私になるために必要な出来事だった」「イヤな思い出として一生残ると覚悟していたけれど、今となっては大切な経験だった」といくらでも解釈を変えられるのです。**ひとつの解釈しかないということはありません。**解釈も「空」の状態ですから、自分が出したひとつの解釈に縛られて苦しい思いをしなくてもいいのです。

私は「これって、どう考えてもこうだよな」というこだわりのせいで心がモヤモヤする時、クイズに答えるつもりで大胆な解釈変更を試みて楽しんでいます。

予測できない未来への心配はいりません

この先どうなるかはわかりません。また、人の気持ちも予測できません。今がどんな状態かはなんとなくわかります。雇用情勢、株価、政治が取り組んでいることもリアルタイムで知ることができます。人の気持ちも、気分がよさそうだ、これといった不安は抱えていないようだなど、今の状態はその人の言動から察することができます。

ところが、未来のことは、現在からその時まで多種多様で膨大な数の縁が加わるので、なかなか推測できません。

近いうちに日本は人口が一億人を割ると予測されていますが、一時はそうなるにしても、人口がそのまま減少しつづけるかどうかはわかりません。

人の気持ちも、今のままワガママをつづけ、自己中心で他人に不誠実に接していれば、将来は四面楚歌になって自棄になり、孤立して寂しい思いをするだろう、などと予想はできますが、そうなる前に本人が気づいて自ら生き方の軌道を修正すれば、四面楚歌を免れることができます。

未来や人の気持ちはそのように予測できないので、それに即した準備をすることもできません。そこで「どうしよう……」と不安になる人もいるでしょう。

しかし、安心してください。社会情勢が縁によってどう変わるかわからなくても、人の気持ちがわからなくても、〝その時〟までに、あなたもさまざまな縁の影響によって**今のあなたではなく、物事に対応できるあなたになっている**のです。

そして、その準備もあなたにはできています。今まで生きてきた経験が、巨大ホームセンターにある多様な商品のように、心の棚にストックされているのです。

未来になって、あるいは予測したのと違った人の気持ちを知った時、自分の底力が発揮されるのを楽しみにしていましょう。

下り坂を降りる時の心構えこそ大事

東京は起伏の多い都市ですが、それを知っている人の先入観を見越したなぞなぞに「東京は、上り坂と下り坂のどちらが多いでしょう？」があります。同じ坂でも、登る人からすれば上り坂で、降りる人からすれば下り坂なので、答えは「同数」です。ところが、私を含めて多くの人が、上り坂のほうが多いのではないかと考えます。理由は、自分が歩いて登った時に実際に疲れた、あるいは登るのが大変そうな上り坂をイメージして、しんどい印象があるからでしょう。

「人生は上りもあれば下りもある」は、上り調子の人生を送って、下りがあることなど考えない人への警句であり、人生の浮き沈みという現実を端的に表した言葉でもあります。まさに、人生は同じ状態を保たないという諸行無常、「空」の生々しい現場です。

しかし、人生をアップとダウンの二つで考えることは違和感があります。若い時には上り調子ですが、**登り切った後は飛行機のように水平飛行する時期があり、その時間が最も長く、充実している**でしょう。

いわば、ハッピーバースデー空港を飛び立った飛行機が、経験を積んでいくのが人生の上昇期。その後は経験を活かして過ごす充実した水平飛行の状態がしばらくつづきます。そして、いつかあの世空港に向かって下降をはじめます。いつ下降をはじめるかは人によりますが、下降して着陸しなければならないのが生を受けた者の定めです。

下降する心構えは、安定した水平飛行の間に決めておくといいと思います。私は、声が出なくなったら文章を書こう、本のオファーがなくなったら自己啓発系集大成の文を書いてみよう、目や耳が衰えたら公園のベンチに座って時間を過ごそうと、水平飛行している今のうちから決めています。

そろそろもう「やりっ放し」でいいのです

ビジネスの世界では、年代別で取り組むことが異なるのだそうです。

時間も体力もある二十代は、仕事、読書、おしゃれ、資格の取得などに積極的に自己投資を行う時期。この時期に得たものは長期間使えるメリットがあります。

三十代は、人付き合いや人脈作り。二十代で蓄えた知識を活かして、さまざまな人とつながり、そこから考え方、価値観、行動形態の多様さを知ることができるといいます。

四十代はそれまでの経験を活かして個性豊かな自分を作る時期だそうです。

インターネットで自己投資について調べると、右のような情報が出てきます。とっくの昔に四十代を過ぎた私はこうした分析に感心する一方で、知らず知らずに似たような自己投資をしてきた気がします。

　ところが、です。五十代以降の投資については、不動産投資と資金運用を前提としたお金の投資情報ばかりというありさま。投資には必ずリターンがあるのが原則ですから、五十代以降は自己投資しても、悲しいことにリターンは望めないということかもしれません。

　ちなみに、リターンは見返りのことです。〝これをすればこれが得られる〟というごく普通の感覚ですが、仏教ではそんな損得勘定を強く戒めるために、「布施」が説かれます。布施は見返りを求めない行為のことです。

「～してあげたのに」と言いたくなるのは、見返りを求めている証拠です。相手が見返りを求めて何かしているのがわかれば、「そういうことならけっこうです」と拒否したくなります。相手の希望に合わせたリターンなどできないからです。

五十代を過ぎたら、そろそろ見返りを求める心を手放して、やりっ放しでいきましょう。**そのほうが、ずっと気楽に生きていけます。**

老いは「本当の自分」と向き合うはじまり

作家遠藤周作さんは『死について考える』（光文社）の中で、生活と人生についてわかりやすく書いてくれています。要約すると――生活必ずしも人生ではなく、生活は自分の心の核になっているものを無視あるいは軽視しないと成立しない。道徳、世間体、外面を大事にしないといけないし、心の奥底に隠しているものを顕《あらわ》にできない。そういう形で成立しているのが生活。しかし、病気になったり孤独な老年になったりすると「生活レベルで隠していた本当の自分」と「死」の二つに向き合わなければならない。――

遠藤さんはこの後、「病気や老年は神さまが『自分の素顔を見てごらん』とおっしゃって、鏡を渡してくださったという気がします」と感慨を述べて、「生活を中心にしていると本当の人生がぼやけてしまいます」と結んでいます。

私は、遠藤さんがおっしゃる「自分の心の核になっているもの」は、〝電気や水、食料の心配はないが、だれとも連絡が取れない無人島で生きるのに必要なもの〟と同じではないかと思っています。

それは、恵みに感謝する心や、感動する心、何でも楽しめる心、自心を見つめる勇気などでしょう。私はそれらがあれば、無人島でもイキイキと生きていけそうな気がします。言い換えれば、無人島で必要ないものは、ほぼ、たいした意味がないガラクタということかもしれません。

古歌にあるように「立って半畳寝て一畳、天下とっても二合半」（一人が必要なのは立てば半畳、寝るには一畳あれば十分で、どんなに偉くなっても一日に食べられるのは米二合半）の身。**人が本当に必要なものは、実際はごく限られている**のです。**老いを意識しはじめたら、そろそろ心に抱え込んだガラクタを「せ〜の」で降ろしてみてもいいかもしれません。**

五十代から人生に笑いを増やしていく

笑いが脳を活性化させ、ひいては健康を呼ぶファクターになることは、最近の科学で証明されています。**高齢者こそ日常の笑いが大事**とも言います。

しかし、ただ笑えと言われて笑えるものではありません。笑いのきっかけになる材料が必要です。その材料は外に見つけたほうがよさそうです。

友人と一緒にいると笑う回数が自然に増えるのは、だれでも経験しているでしょう。親しければ、相手の失敗を笑えます。互いに気心が知れているので笑われても怒らないし、冗談の言い合いにもなります。友人がいない人はサークルなどに入って親しい人を増やせば、笑いのチャンスはぐっと増えます。

他にも、お笑いを見たり、落語を聞いたりするのも楽しく笑えます。なにしろ、笑わせるためにプロが全力で仕掛けてくるのです。そのバリエーションも豊富です。インターネットで手軽に動画を探せるのもいいですね。

また、幼児が遊んでいる公園に出かければ微笑ましい光景が見られます。子どもたちは無邪気です。予想外の動きをするし、こちらも心を全開にして楽しめます。ただし、不審者に間違われないように注意してくださいね。

私はお寺の掲示板に毎週「なぞなぞ」を貼っています。「これを食べると周りをサイに囲まれる食べ物は？」（八宝菜・八方サイ）、「宇宙に行くと食欲がなくなるそうです。どうして？」（空気・食う気がないから）という具合です。答えに思わずニヤリとする問題を探すのはとても愉快な時間で、心も柔軟になります。

他にも「ジョーク」の本は、世界各国のバージョンがあり、内容も馬鹿馬鹿しさの極みのようなもの、ホラ話など、日本のジョークにはないものを楽しめます。

笑いは人生にうるおいを与えてくれます。自分好みの笑いのもとに出合い、愉快な日々を過ごすのも、人生後半の贅沢な楽しみ方と言えそうです。

〝いちいちうるさい人〟にならないために

五十代から六十代で、周囲から〝いちいちうるさい人〟として敬遠される人がいます。自分が若い頃に、いちいちうるさい年長者に散々悩まされたのに、いつの間にか、自分がいちいちうるさい人になっているのです。

そんなうるさい人を見たら、「人はそういうもの」なんて思わずに、自分のやり方に執着せず、他人の行動に寛容になることも般若（智恵）のひとつだということを思い出してほしいのです。

人には、何をするにも、さまざまなやり方があります。多くのやり方の中で、自分が成功したやり方、失敗して学んだやり方は、本人にとって間違いのないもので、いわば、その人なりの〝正攻法〟です。

経験から正攻法を獲得した人は、他人が違うやり方をしようとすると、「そのやり方より、こちらのやり方のほうがいい」と、つい言いたくなります。こうして〝いちいちうるさい人〟ができあがります。

そのうるさい人は、自分のやり方を押しつけたいわけではなく、多くの場合は「転ばぬ先の杖」として、自分が失敗しなかった方法を伝えたいだけです。「あなたはそのやり方でやりたいのですね。しかし、私のやり方は経験上間違いがありません」とか、「でも別のやり方でもうまくいくかもしれません。結果的に私の方法にたどりつくかもしれませんが、あなたのやり方でうまくいくかどうか、経験してみるといいでしょう」という思いを、いちいち口に出してくるわけです。

経験から自分がベストと思い込んだ方法があると、それに固執してしまうのがうるさい人の特徴です。人の都合や思い、能力によってさまざまな方法・やり方があることはもう念頭にありません。

自分の正攻法に執着せず、他のやり方にも寛容でありたいものです。

いつか来る〝最期〟のために知っておくこと

仕事でも旅行でも、ちょっとした買い物でも、あなたが安心して外出できるのは、その日、帰る場所があるからです。帰る場所がわからない、あるいはなければ、のん気な顔をして外出などしていられません。

私は、オギャーと呱々《ここ》の声をあげてこの世に生まれた時が、命のみなもとから「行ってきまーす」と外出をした時だと思っています。ですから、この世での一生は外出時間のようなもの。その外出時間を楽しむのに、帰る場所（死んでから行く所）がどこなのかわかっているのは、とても大切なことでしょう。

『般若心経』**では、帰る場所を心安らぐ悟りの世界に設定しています。最後に頼りになるのは、おだやかな心**だというのです。生きている間にその心を確保しておくための教えが〝こだわりから離れたほうがいい〟と説く『般若心経』です。

一方、日常の延長線上で考えれば、死んでから行く所をお墓と答える人もいるでしょう。他の生物と同じように自然に環《かえ》ると考える人もいるでしょう。仏教では生まれる前にいた、絶対安心の命のみなもと（宇宙や自然法則と言ってもいいでしょう）に戻るとします。私もそう確信しているうちの一人です。

しかし、「人は死んだら終わり。無になる」と考える人も少なくありません。そう豪語する人に対して、私は「人は死んで無になるなら、亡くなった人のお墓参りなんかしたことないでしょ」とカマをかけます。するとまんまと「墓参りくらいしたことあるさ」と得意そうに答えます。そこで引導を渡します。「無になっている人のお墓の前で手を合わせて、いったい何を思ったり願ったりするんですか。相手は無ですよ」「……」

人は死んでも無にはなりません。少なくとも〝思い出〟と〝影響力〟は残ります。その二つを残して、さて、あなたはどこへ帰りますか。

ほうげん和尚の
お悩み相談
11

父親が高齢者閉じこもり、せめて笑いくらい届けたいが

別居している80代の父親がほとんど家から出なくなりました。いくら誘っても外出したがりません。独り暮らしが長いためうつ気味なのか。せめて美味しいごはんを作って、笑いも一緒に届けたいのですが、人を笑わせ、前向きにさせるコツを教えてください。（61歳女性）

◎笑いのツボや人生観を知って対応する

人を笑わせるには、その人の笑いのツボを知っておくのが大切でしょう。お父さまの笑いのツボは何でしょうか。オヤジギャグか、かわいらしい失敗談でしょうか。それを知っているのは、長い時間を一緒に過ごしたあなたです。

それを思い出して、お父さまを笑顔にするチャレンジをしてみてはいかがでしょう。あなたが子どもの頃のアルバムを一緒に見るのもいいかもしれません。

しかし、誘っても外出しなくなった現在のお父さまは、かつて大笑いしたり、思わずニヤリと口元をゆるめたりしたことも、もう笑える対象ではないかもしれません。

人は、環境の変化や経験の積み重ねによって、嗜好も変わります。娘として、元気で前向きだったお父さまのイメージのままでいてほしいと願っても、残念ながらそうはいきません。

お父さまは、娘に誘ってもらっているのに、その誘いを受けて一緒に外出できない自分を情けなく思っているのでしょうか。〝家にいても、十分楽しい〟と割り切っているのでしょうか。単に〝面倒だ〟と捨て鉢になっているのでしょうか。

それは、お父さまの築いてきた人生観によります。今のお父さまがどんな人生観を持っているのかを予想して接すれば、お父さまを思うあなたの言動が功を奏する可能性は高くなります。

◎あなた自身の前向きな生き方が相手を変える

お父さまを前向きにする最大の力は、なにより、あなた自身が前向きに生きていることです。「父に笑いを届けたい」のは、とても前向きです。

もちろん、もしこれまでお父さまがやりたい放題、頑固で卑屈なものの見方ばかりしてきた方なら、前向きなあなたを「一人で浮かれている」と冷ややかに見て、自分の殻から出ることはないでしょう。

そうであるなら、それはお父さまの選択ですから仕方がありません。無理をしてお父さまを笑わせようとしたり、前向きにさせようとする努力は虚しくなり、「せっかくやってあげているのに」と愚痴をこぼして終わりになります。それでは、あなたが前向きに生きているとは言えません。

娘の思いやりをきっかけにして、笑顔の多い日が増え、前向きな生活をするかどうかは、お父さまが持っている〝気づく力〟が大切です。この力も『般若心経』では（般若の）智恵です。

私なら訪ねる際は毎回父親の好物を持参し、「お父さん、人は死ぬまで生きているんだよ」と笑顔で伝え、父親が「そうだな。どおれ、死ぬまで生きてみるか」と動き出すのを待つでしょう。

ほうげん和尚の
お悩み相談
12

自分は何を成しとげたのか、すべてが虚しい

63歳で退職し、今は年金生活。20代で離婚を経験したあと独身を通し、家族はいない。40年勤め上げた会社の同僚とも交流はなく、毎日会話すらない。仕事は誇れるものだったが会社時代の功績もすぐに忘れられてしまうだろう。肩書もない、やりたいこともない。自分にはもう何もなく、すべてが虚しい。この空虚はどうしたら埋められるのか。（65歳男性）

◎穴は単独では存在できない

『般若心経』の教えの中核をなす「空」を「ドーナッツの穴のようなもの」と表現する僧侶がいました。私にはどういう意味かわかりませんでしたが、ある時、『現代語裏辞典』（筒井康隆著、文藝春秋）を読んで合点がいきました。

あな【穴】実在するものではなく、周囲の存在によって存在を許されるという珍しい存在。ドーナッツやレンコンは食べると穴がなくなるし、人体が生滅すると人体五穴も消滅し、山を崩せばトンネルはなくなる。

言い換えれば、穴は周囲のものによって姿を現すもので、穴単体では存在できないということです。まさに「空」です。

『般若心経』は、すべては「空」というあり方をしていると説きますが、それは物体もあなたも同様です。物体も、ドーナッツの穴のようにさまざまな縁によって存在していますし、あなたもさまざまな縁によって存在しているということです。

あなたの場合、〝あなた〟たらしめていた周囲の縁は、仕事や肩書だったのでしょう。仕事や肩書という周囲を形作っていたものがなくなったので、穴（つまりあなた）が消滅した状況です。空虚になるのも無理はありません。

◎命という輪に囲まれた穴

別の言い方をすれば、あなたはこれまで仕事や肩書という甲冑《かっちゅう》や兜《かぶと》を纏《まと》って社会を生きてきたと言えるでしょう。そして、今、その鎧《よろい》をすべて脱ぎ去って素の自分になった姿を見て、戸惑っているのです。

しかし、鎧を脱ぎ去れば身は軽くなります。仕事や肩書に縛られない、自由な生き方ができるということです。

六十三歳まで仕事に打ち込んで、離婚（伴侶を幸せにできなかった）の負い目や独身の心細さを乗り越えてきたのでしょう。

これからは、何かを乗り越えたり忘れたりするために必死にならなくていいのです。鎧を脱いで身軽になったのですから、フットワーク軽く、興味のあることに笑顔で挑戦してみてはいかがでしょう。そうすることができるようになったのが、今のあなたなのです。

そして、**仕事や肩書という鎧（飾り）をはぎ取ったあなたを、今一度、勇気を出して見つめてみてください。**穴の周囲に、命という堂々とした輪が浮かび上がるでしょう。それに気づけば、あなたは再び穴として立派に存在していることがわかり、空虚さはなくなります。

その命があるかぎり、あなたは毎日〝命の第一線〟を生きていますし、〝人生の最前線〟を生きています。その意味では、現役時代と何ら変わることはありません。前に向かって進んでください。

ほうげん和尚の
お悩み相談
13

墓参りもしない親不孝を仏さまは許してくれるのか

東京生活が長くなり、島根にある実家は処分しました。しかし先祖代々の墓がある墓所はそのままで、遠方ゆえ、墓参りも年に1回行くのが精一杯です。いずれは東京の納骨堂にでも移そうとは思うものの、なかなか踏み切れず。仏壇には毎朝手を合わせますが、ろくに墓参りもしない不孝な息子を彼岸の親やご先祖はどう思っているのでしょうか。（57歳男性）

◎お墓は魂の転送装置

墓参りができないというあなたにとって、お墓は先祖の魂が眠る場所なのでしょう。

そこで、まず、僧侶が考えるお墓についてお伝えします。

お墓は、故人の骨が土中か唐櫃《かろうど》と呼ばれる石室に葬られている場所です。そこを暗く、狭く、じめじめした場所と思う人もいます。

しかし、僧侶にとってお墓は、ドラえもんの〝どこでもドア〟のようなもの。魂がどこにでも瞬間移動できる魂の転送装置です。土や石のお墓をその装置にするための作法が、開眼供養《かいげんくよう》と呼ばれます。

また、仏壇にある位牌は故人との面会用の窓です。その前で手を合わせれば、故人が向こう側に来てくれます。単なる組木を面会用の窓として機能させるための作法も開眼供養と呼ばれます。

一方で、お骨を海に撒《ま》く散骨が話題になることがあります（釣りやダイビングを趣味にしている人の多くは眉をしかめます）。葬送業者は散骨した地点の緯度と経度のデータをくれますが、海流によってお骨は移動するのは明らかです。亡き人の冥福を祈る場所があやふやになるので、お彼岸や祥月命日に手を合わせて冥福を祈る場所として、改めてお墓を作る遺族は少なくありません。

このように、**お墓は遺族の情愛と仏教の教えが交錯する不思議な場所です**。どちらも大切な感覚です。

◎〝時〟と〝人〟がそろうのを待つ

さて、お尋ねの「ろくに墓参りもしない息子を彼岸の親やご先祖はどう思うだろうか」への答えです。

もし、故人が戒名をもらっているなら仏教徒です。仏教徒は、いつでも、どんなことがあっても、心おだやかな人になりたいと願います。

子孫のあなたが、年に一回しかお参りに来なくても、怒ったり、悲しんだり、心配したりしません。

仏教では、怒りは心を乱す煩悩の中でも最強の部類に属すとします。

故人たちは、自分たちがいくら悲しんでも、あなたの言動を左右できないと知っています。ですから、あなたが墓参りに来なくても、「そういう状況では仕方がないよな」とにっこり笑っています。

「心配」は、自分の理想を相手に押しつけ、自分の思ったような反応を期待することです。相手が期待どおりの反応をしなければ心が乱れるので、仏教徒は心配しません。単に、心配りをするだけです。

納骨堂への移転を含めて、物事は時と人がそろわないと動き出しません。今はその二つがそろっていないだけです。二つがそろうのを待ちましょう。時が〝その時〟になり、あなたが〝その人〟になる日が、きっと来ます。

ほうげん和尚の
お悩み相談
14

負けがわかっている勝負に
どう立ち向かえばいい？

応援している若手プロボクサーがいて、先日、強敵相手のまず勝ち目のない試合を観戦に行きました。勝てないとわかっていても突き進む彼の姿に魂が揺さぶられましたが、結果は無残な敗北。私も99%無理な交渉を、会社から契約とってこいと言われます。この人生、どうせ負けが待っている局面に、どんな気持ちで向き合ったらいいのでしょうか。（48歳男性）

◎勝ち負けばかり考えるのは修羅道

迷っている間は六つの世界（六道）の中で生まれ変わり、死に変わりつづけるというインド古来の輪廻の思想は仏教にも取り入れられました。仏教は、悟りを開いて輪廻の迷いの輪から抜け出る（解脱《げだつ》する）ための教えでもあります。

私は、生まれ変わるという輪廻を信じていませんが、六つの世界があるという考え方には、とても共感します。私にとって、この六つの世界は死んでから生まれ変わる所ではなく、日常の中で経験する心の世界です。

苦しみだけの地獄――「この苦しみはいつまでつづくのだろう」と思う時は、まさに地獄です。

自分のことしか考えない餓鬼――自分を最優先にして物事を考える時が餓鬼道に堕ちている時です。子どもは自分のことばかり考えて行動することが多いのでガキと呼ばれます。

本能だけで生きる畜生――食欲、性欲に支配されている時は動物と変わりありません。

戦いだけの修羅――勝ち負けにこだわっている時。「世の中は勝つか負けるかだ」と言いたくなれば、その人が住んでいるのは〝修羅の巷《ちまた》〟です。あなたはこの世界にいることが多いかもしれません。

人――良いことも悪いこともある私たちの日常です。

そして、**帝釈天や弁財天などの天**――一瞬でも「天にも昇る気持ち」になれば天の神々たちの仲間入りです。

◎「どうせ」は心の赤信号

さて、すべてはその時に集まる条件次第で結果が変化する「空」というあり方をしています。勝負も同様で、縁がそろわないと勝てません。

勝負する前から負けがわかっているというのは、どう考えても、負ける条件が整いすぎているという判断があるのでしょう。しかし、何かの条件が思わぬ形で加わる場合があります。スポーツ競技で、ハプニングや番狂わせが起こるのはご存じのとおりです。これは仕事でも同じでしょう。何が何に対して、どのように作用するかわからないことがあるのです。

私は、ビジネスについてはよくわかりませんが、負けがわかっているなら、せめて、きれいな負け方をする、ダメージを最小限に抑えた負け方をするのが現実的な対応でしょう。

さらに、負けを次の勝ちにつなげるために、何を強化しておけばいいか、相手の弱点はどこかなどの情報収集の場として考えるのも大切でしょう。

〝禍《わざわい》も三年経てば用をなす〟と言われます。**転んでもただでは起きない覚悟をしましょう。**くれぐれも、「どうせ」と、悲観的な考え方をしないようにしたいものです。「どうせ……」は心の赤信号です。

ほうげん和尚の
お悩み相談
15

身近な人間が次々に亡くなり、ひたすら寂しい

1年前に妻を病気で亡くし、その年のうちに、よく世話をしてくれた叔母と叔父、長年の友人を立てつづけに亡くしました。両親はすでに亡く兄弟はいません。いつか別れがくるのはわかっていても、心の空洞は広がるばかりで、寂しくて仕方がありません。般若心経をはじめ、「読経」にはこうした心を癒す力はあるのでしょうか。

（58歳男性）

◎『般若心経』読経のご利益

空海は『般若心経』について、密教独自の解釈をした『般若心経秘鍵《ひけん》』を著しました。

その中で「この教典は、あらゆる仏教の教えを内包したものだから、これを読経して供養(もてなし)すれば、苦しみが抜かれ楽が与えられ、ここに説かれる教えを守り行い、深く考えれば、悟りを得るだけでなく、不思議な力も得られるであろう」と述べています。

『般若心経』は、こだわりや思い込みから離れて、自由でおだやかな心になるための教えです。亡き人に対しては、「生きてきたこの世のことに、もうこだわらなくてもいい。早く、心おだやかな世界に入りなさい」と理路整然と説きます。

ですから、このお経を読めば、亡くなった人のことを「ちゃんと仏の世界に行けただろうか」「この世に心残りはないだろうか」と心配せずにいられるようになります。

また、空海の私的な文章を集めた『性霊集《しょうりょうしゅう》』の中、「三嶋大夫、亡息女のために法華経を書写し供養して講説する表白文」では、娘を亡くして悲嘆にくれている両親に対して次のように綴っています。

「朝夕涙を流し、日夜慟《いたみ》を含むといえども、亡魂に益なし」（朝な夕なに涙を流して悲しみ、日々喪失感に包まれていても、亡き人の魂には何もいいことはありません）。

親しい人が亡くなった悲しみや喪失感は、亡き人のことを思った供養をすることで、それを除いていくことができます。

具体的には、自分で読経したり、写経をしたり、お坊さんに拝んでもらったり、自分がしっかり生きていくことを誓うなど、さまざまな方法があるでしょう。

親しい人を亡くした悲しみは、亡き人がどうしたら喜ぶかを考えて、それを実行すれば、悲しみが薄くなるだけでなく、心の空洞化も防げます。

◎声に出す読経はストレスを除く

『怪獣の名はなぜガギグゲゴなのか』（黒川伊保子、新潮社）では、音だけの言葉を繰り返す効果について「マントラ（真言）は、繰り返し使うと、人間の『意識の質』を整える効果があるとされる。人は、意識の質が乱れると物事に集中できなくなりイライラがつのる。このイライラは神経系のストレスであり、諸病諸悪の根源であるというのがアーユル・ヴェーダ（生理学）の思想である」と述べています。

お経のすべてがマントラではありませんが、意味を考えずにルビを追って読経するのは、マントラを唱えるのと同じ効果があります。

悲しみの心を癒すためにも、どうぞ読経してみてください。

仏教の智恵とはどういうものか

いつでも、どんなことがあっても、心おだやかな境地を目指すために説かれた仏教の二本柱は慈悲と智恵です。

慈悲の「慈」は「楽を与えること」、「悲」は「苦しみを抜くこと」で、この心は、相手との何かしらの共通点に気づくことによって発生します。仏を表す右手と私たちを表す左手を合わせる合掌も、「仏さまと本当の私は同じ」という気づきを土台にした形です。

智恵は、「一切の現象や現象の背後にある道理を見きわめる心の作用」「事物の実相を照らし、惑いを絶って、悟りを完成するはたらき」です。ですから、智恵は「考える力」だけでなく、「物事の道理や実相を感じ取る力」も含んだ概念です。縁起、諸行無常、「空」なども、智恵によって解き明かされた法則です。

私たちはだれでも、こうした慈悲や智恵の力を潜在的に備えているのですが、心が欲や煩悩に覆われていると、その力が隠されてしまいます。

第四章

「空」を知って心を整える

——いちばん大切なのは心の自由です

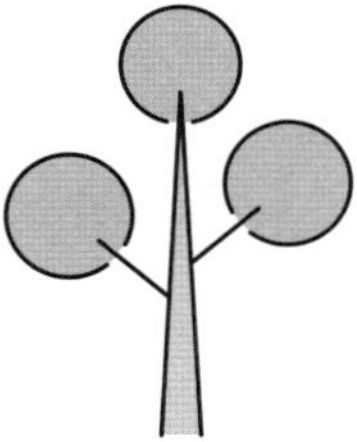

不変の実体はないという「空」の大原則

仏教教典には『○○般若経』と呼ばれる教典がたくさんあります。般若という言葉がつくのは「空」を土台にした教えです。それほど、「空」は仏教の中で重要なテーマです。そこで、「空」について、簡単におさらいしておきましょう。

どんなこともさまざまな縁（条件）によって起こります（縁起）。

ひとつの**結果を導き出すための縁**は、時間が経過するという縁を筆頭に、**次々に変化し、同じ状態を保ちません（諸行無常）。**同じ状態を保ちたいなら、変わっていく縁に対応して次々に手を打ちつづけなければなりません。この対応策がひとつの縁として加わり、同じ状態を保ちやすくなります。

いちいち対応するのが面倒なら、**変わっていく結果を楽しむ心を養えばいいの**

です。それも、諸行無常の世の中を愉快に、軽快に生きていくひとつの方法です。

結果はそれを構成している縁の変化によって同じ状態を保たないので、どんな物事も、「これはいつでもこういうもの」という不変の実体はないという結論になります。これが「空」という大法則です。

しかし、私たちは「これはこういうものでしょ」と言いたくなる固定観念を持っています。「親友は裏切ってはいけない」「ありがたいと思ったら恩返しするのは当たり前」「人には親切にするべし」など、意味や価値を固定化してそれに則《のっと》って生きたほうがわかりやすいからです。

物事の意味や価値を固定化するのは、逆にそれに縛られるということです。

友達を裏切らざるを得ない事態になったり、恩返しできなかったりすれば、自分を責めて心おだやかでいられなくなります。もちろんそれは起こり得ますが、どんな物事にも固定化された実体はないという「空」の大原則を知っておくと、あなたを縛っている縄にゆるみが生じて、息苦しさが解消します。

心の波をしずめれば美しい月が映る

私が好きな古歌に「月ゆがむにあらず、波さわぐなり」があります。ここでいう月は、世の中のあるがままの姿で、善悪、美醜、正誤、好悪などの思い入れが介在しない、嘘、偽りのないあり方をしているもののたとえです。縁起、諸行無常、「空」という法則も月にたとえて差し支えありません。そして、欲や我執、先入観などが心に立つ波です。

お金や命も、夜空の月と同じでしょう。お金に善悪はありません。きれいも汚いもありません。にもかかわらず、お金があるのが善いことで、ないのは悪いことと思うのは、私たちの心に立つ波がそう見せているのです。

命にも、正しい命もなければ間違った命もありません。私たちは親を選んだわけでも、時間や場所を選んで生まれたわけでもありません。どういうわけだか、命を授かったのです（「授かった」という感謝型の表現も私の心に波が立っているからですが）。**命そのものが単独で価値を有している、夜空に輝く月のようなもの。**そんな命を私たちは生きています。

『般若心経』は、心おだやかになるために、あるがままの「空」をそのまま受け入れる智恵を説きます。しかし、欲や先入観などの日常で心に立つ波が、さまざまなものを〝あるがままに受け入れる〟智恵を妨げます。

波の中には、物事を感謝して見て心をおだやかにする波もあれば、チャレンジしてみようという前向きな波もあります。そのような波なら心配ありません。

問題なのは、嫉妬や恨み、怒り、自分だけという我欲などの波です。ネガティブやマイナスの感情がわいたら、自分の心にどんな波が立っているのか考えてみてください。それがワガママ波、がっつき波、イライラ波などとわかるだけで、波は小さくなって、きれいな月が映りはじめます。

好かれる人を目指すより こちらから好きになろう

子どもは周りの大人から好かれないと生きていけません。好かれれば生きやすくなります。赤ちゃんが見せる笑顔はその手段と言われます。昔から「笑顔に向ける刃《やいば》なし」と言われるのも、それを表しているのでしょう。

逆に言うと、周囲から嫌われれば、生きづらくなります。それを避けるための生存本能のようなものが、遺伝子に組み込まれているのかもしれません。

ここまでは子どもの話ですが、思春期を過ぎた大人になっても、嫌われたくない、好かれたいと思って「いい人」を目指すのに躍起になる人がいます。

嫌われずに好かれるためには、相手に迎合するのがもっともてっとり早い方法ですから、自分の思いを犠牲にしてまで相手に合わせます。しかし、**自分の感情**

を抑え込むのは容易ではなく、長続きせずに、心が疲労します。

それだけでなく、手当たり次第相手に合わせれば、吹く風に合わせて向きを変える風見鶏、日和見主義者の烙印を押されて四面楚歌になり、「ただみんなから好かれようとしただけなのに、こんなはずでは……」と途方に暮れます。

こうしたことがわからずに、大人になっても相変わらず「いい人」を目指したり、「だれからも好かれる人」を望んでいたりする人がいます。『般若心経』では、物事を逆さに見る「転倒《てんどう》」、現実を無視した見方をする「夢想」に当たります。そろそろ目を覚まして、そこから「遠離《おんり》」したほうがいいでしょう。

みんなから好かれるのは、自分の努力だけでは不可能です。どんなにいい人でも「いい人すぎて〝自分らしさ〟がない」などと悪口を言われ、嫌われることだってあるのです。

しかし、自分がみんなを好きになることは、自分の努力でできます。相手を好きになるには、相手との何らかの共通項に気づいて共感すればいいでしょう。

「これはこういうもの」という決めつけから自由になる

どんなものも「これはいつだって、どこでだって、だれにとってもこういうもの」という不変の実体はない。それが「空」の考え方です。

食パンには不変の実体はなく「空」であると言われても、実際に目の前にあるし、食べることもできます。

では、食パンを「空」のフィルターに通すとどうなるのでしょう。

そんな網みたいなものに通せば小さくバラバラになってパン粉になる？　そうです。食パンはパン粉のもとども言えます。料理をする人の中には、スーパーでパン粉を買わず、パン売り場に並んだ食パンを見て「いいパン粉になりそうだ」と手にとる方もいるでしょう。フレンチトーストの材料として買う人もいます。野鳥や動物の餌として見る人もいます。

袋に「北海道産小麦粉使用」とあれば、北海道に住む親戚の小麦農家の顔を思い浮かべる人もいます。その人にとっては「知り合いが作った食べ物」です。

このように、あなたが「食パンはこういうもの」と思っている食パンは、さまざまな見方や感じ方ができるので、不変の固定した実体はありません。

ただ、ひとつ言えることがあります。それは、あなたが食パンだと思うための縁がすべてそろったという、きわめて限定された条件下なら「食パン」になるという面白い事実です。

子どもに小枝を持たせれば、刀にもするでしょう。地面に絵を描く道具にも、お箸にも、槍投げの槍にもします。それができるのは、小枝が「空」だからです。

食パンと小枝という物体を『般若心経』では「色」と表現しますが、「空」なのは「色」だけでなく「私たちの考え方、感じ方も空だ」と解き明かします。そして「こういうもの」というこだわりから離れた自由な境地を目指せと説くのです。

後から来る者のために清く保つ理由

「後から来る者のために、泉を清く保て」は、モンゴルの蒼き狼の異名をとるジンギスカンの言葉とされています。

この言葉を知った時に、私は檀家のお年寄りの多くが口にする「後に残った家族から『こんなものをたくさん残して逝った』なんて、悪く言われないように断・捨・離しようと思っているんですよ」という言葉を思い出しました。場所をモンゴル草原に移せば、「後から来る者に悪く言われないように、泉を清く保て」と言っているようなものです。

ジンギスカンの考え方でも、檀家のお年寄りの考え方でも、泉は清く保たれるのは同じです。しかし、後から使う人のことを思いやるのか、自分が悪く言われたくないという自己保身のためにやるのかは、その人の人間性にかかってきます。悪く思われたくないという見栄など捨てて、純粋に後の人のためを考える人のほうが心はさわやかでしょう。

同様のことを落語家さんから聞いたことがあります。弟子入りしてまず言われるのは、「トイレに入ったら、仮に自分が入る前からトイレが汚れていても、入った時よりきれいにして出てこい」だそうです。その理由は檀家のお年寄りと同じで、自分が悪く言われたくないからです。

自分は汚していないので、そのまま出てくるとします。入れ違いにだれかが入れば、その人は「あの落語家はトイレを汚しておきながら、そのまま出ていった」と思います。呼んでもらわないと仕事がない芸人にとって致命的だというのです。もちろん、きれいにして出れば、後から使う人は気持ちよく利用できます。

自分がどう思われるかを気にするのではなく、まず他人のことを思いやる気づかいができれば、それで十分です。

思っているだけでは動けない、決めないと動かない

前項で、檀家のお年寄りの「断・捨・離しようと思っているんです」を引用しました。私たちは日々「〜しようと思う」「〜したい」という希望をたくさん抱きます。しかし、それらの希望は希望のままで終わり、実現しないことが多いのも事実でしょう。

私がウェブ版の人生相談を担当している（令和六年四月現在）某雑誌では、これまで何度も身辺整理の特集を組んでいます。

ところが、アンケートの回答の多くが「特集を読んで、『捨てよう』と思ったけれどなかなかできない」なのです。

何度も組んでいる特集が功を奏しないことに、編集者たちは「なぜだ」と頭を

抱えて話し合いをしたそうです。

そしてわかったのは**〝思っている〟と〝実行する〟の間には、〝決める〟という巨大な壁がある**ということでした。

そこで、「決めないと動けないという、私たちの行動原理を象徴したのが不動明王」と多くの拙著で説明している私と、生活研究家・消費生活アドバイザーの方による身辺整理実行についての対談講演会が実施されたことがありました。

重ねて言いますが、**「〜しようと思っている」だけでは実現しません。「〜する」と決めないと、具体的なアクションにつながらないのです。**言い換えれば、動けないのは決めていないからです。

「希望はすこぶる嘘つきだが、少なくとも人生の終わりまで楽しい小道を歩かせてくれる」は、十七世紀の文学者ラ・ロシュフコーの名言ですが、願うだけで何もしないのではなく、具体的に決めることの多い人生を歩きましょう。決めて動けば、わかることがあります。決めて動けば、何かが変わります。

毎日に「ときめき」を増やす五つのコツ

人生経験を積んで、多くのことを「まあ、そんなもの」と思うようになれば、それは感性が鈍ってきたのかもしれません。そのままでは、毎日をときめいて過ごすなど夢のまた夢です。そこでまた「いまさら、ときめきなんて」と言うようでは、かなり重症です。そこで、諸行無常・「空」の世の中でときめく毎日を送るコツをご紹介します。

一、欲しいものに出合う　物を捨てるかとっておくかの基準を「ときめくか否か」にするアイデアはご存じの方も多いでしょう。新たに「これ使いたい・持っていたい」と思うものに出合えば、新たなときめきが生じます。雑貨でもネイルでも好きなジャンルで「これ、いいな」と思うものを、レストランでメニューを見ている子どものように目をキラキラ輝かせて探してみましょう。

二、身近なものにも関心を持つ　感性が鈍っていると思う人は関心を持つ努力が必要ですが、身の回りの自然だってときめきの宝庫です。春の花に、夏の雲に、秋の枯葉に、冬の澄んだ空気にも心を寄せてみてください。

三、さまざまなものの変化に目を向ける　あなたの街にある商店街やお店のディスプレイ、道路が変わっていく様子、夜空にかがやく星々、畑の作物や歩道の植え込みの草木も、変化を楽しむ格好の材料になります。

四、毎日が〝生まれて初めての日〟という感覚を持つ　新たに迎える正月、桜、花火、紅葉なども、あなたが今の年齢で経験するのは初めてです。

五、できないと思うことにも積極的に挑戦してみる　子ども時代の自転車や水泳、鉄棒などを思い出してみても、初めて何かができた時のときめきは格別です。できないのをやるのが練習ですから、練習のつもりで挑戦しましょう。

ときめきの種は、あなたの周りに佃煮にできるくらい転がっていますよ。

「正しい」「間違った」では分けられないやり方

『般若心経』に登場する般若は、すべてが「空」であることを見抜き、「空」を体得することに特化した智恵で、俗に「般若の智恵」と呼ばれます。しかし、智恵は「空」に関してだけ使われるわけではありません。心おだやかでいるために発揮される力なら、智恵と呼んでいいでしょう。

映画『カジノ』（ロバート・デ・ニーロ主演）は、ラスベガスのカジノ再建にあたる支配人の話です。再建方法を模索するなかで、支配人が部下にそのやり方を反対されるシーンがあります。その時、支配人役のデ・ニーロが言います。

「人のやり方は三つある。正しいやり方、間違ったやり方、そして俺のやり方だ」。私は、あまりにも正鵠《せいこく》を射たそのセリフに、はたと手を打ちました。

正しいやり方と間違ったやり方は、やる前もやっている最中もそれが正しいか、間違いなのかわかりません。結果がわかるのは後になってからなのです。その結果も、状況が変化すれば簡単にひっくり返ります。縁が次々に変わるのでどんな物事も同じ状態を保てないという諸行無常とはこのことです。どんな結果であれ、それも「空」ですから、ずっと正しいとか、永遠に間違いということはないのです。

ですから、デ・ニーロの言う「正しいやり方」「間違ったやり方」も特定の条件下でしかありえません。そして残るのは、「俺（私）のやり方」です。

私たちはだれでも「自分のやり方」しかできません。そんなことはない、私は会社のやり方に仕方なく従っていると言いたい人はいるでしょう。しかし、それも「会社のやり方に従う」という自分のやり方なのです。

デ・ニーロのセリフを自分のやり方を正当化するために使いましょうと申し上げたいのではありません。**自分とは違った、その人なりの「自分のやり方」に共感し、許容し、心おだやかになる糧にできることをシェアしたい**のです。

ごく一部分からの評価にめげないために

さまざまな縁が集まってひとつの結果になるという縁起の法則は、もちろんあなたにも当てはまります。

現在のあなたの心も、これまで経験して得られた膨大な知識で構成されています。体も四肢などの部位のほかに、爪や髪、皮膚などの集合体です。そして、なかなか気づきませんが、あなたの一日も、多くの言動で成り立っています。

一方、私たちは他人のごく一部の言動からその人を評価しがちです。

平日の日中に着飾って出かければ「暇なんだな」と思う人はいます。通りすがりの人の後ろ姿を目で追いかける人がいれば「昔の恋人の面影をいまだに追っているのかもしれない」と想像する人もいます。ちょっとした雑学を披露する人を

「何でも知っていると言わんばかりの得意顔だ」と感じる人もいるでしょう。

そのいずれも、その人がその日にとった、たったひとつの言動から、その人を評価しているのです。

こうした評価が噂話になり、尾ひれがついて広がります。それが興味本位と無責任という風に乗り、評価された人の耳に入ることがあります。

これが、「そんなふうに思われていたなんてショック」という状況になる仕組みです。どんなにショックでも、**人は他人の言動の一部を切り取って評価しますし、人の口に戸は立てられない**ので、無責任な噂話をくい止める方法はありません。

ここで、智恵を発揮させます。自分の言動の一部から他人がどんなマイナスの評価をしているか、五つくらい予想しておくのです。

私の場合なら、ケチ、見栄っぱり、優柔不断、無責任、傲慢と評価している人はいるでしょう。予想しておけば、それが耳に入っても「ああ、そう思っている人はいると思っていた」と、軽くスルーできるのです。

ご恩返しだと思えば気持ちも肩も軽くなる

仕事や家族を含めた人間関係の中で、「自分がやらなくてはいけない」と強く思い、一生懸命に歯を食いしばって頑張る人がいます。中途半端に投げ出せない性格なのかもしれません。

実際にそのように生きてきて、与えられたことをやりきった充実感を味わえたり、周りからの信頼を得られたりするなど、よいことも多少はあったでしょう。

しかし**人生後半では、やることはやりながらも、眉間に皺を寄せつづけるような生き方は卒業したいものです。同じことをするにも、もっと楽にできる方法はあるものです。**

私は、三人の子育てが終わった頃、認められようと何かをしたり、頼まれたことに期待以上の成果を出そうとしたりする自分の生き方に疑問を持ちました。それほど頑張らなくてもすむ考え方があるのではないかと思ったのです。

そんな時、亡き父が色紙にしたためた「万恩に生かさるる身の百を知る。せめて一恩に報ぜん」という言葉を思い出しました。私たちは数万の「おかげ」で生きていますが、考えればそのうち百くらいは言えるでしょう。親、先祖、友人、先生、知人、本、温かい言葉、励ましの言葉、空気、水、電気、日光などです。色紙の言葉は、「それだけのおかげ（恩）を受けているのだから、そのうちのひとつくらいには恩返しできるだろう、いやしなきゃなるまい」という意味です。

以来、やらなければならないこと、頼まれたことをする時は、ご恩返しの真似事だと思ってやることにしました。ご恩返しになるかどうかは、相手が判断する問題なので真似事でいいのです。「やらなくてはいけない」という思いは捨てて、恩返しだと思って取り組むと、肩の荷が驚くほど軽くなります。

悪いことさえしなければ、それでいい

「仏教の教えを一言で言うと？」に対する答えとしてよく知られているのは「諸《しょ》悪莫作《あくまくさ》、衆善奉行《しゅぜんぶぎょう》」です。諸々の悪いことをせず、諸々の善いことを行うという意味です。

この言葉をめぐって面白い説話があります。唐の詩人白楽天が、毎日木の上で座禅している道林という禅僧を訪ねます。木の上で座っている道林に、白楽天は「そんなところで座っているのは危ないではないですか」と言うと「あなたにはそう見えますか。私にすれば、煩悩という名の火の中にいるあなたのほうがよほど危ないように見えますが」と答えます。

ドキッとした白楽天は「で、仏教の教えはどういうものですか」と話題を変えます。「悪いことをするな、善いことをせよ、です」と道林が答えると「そんなことは三歳の子どもだって知っているではありませんか」と呆れます。

「そのとおりです。童子でもそんなことは知っていますが、八十歳の翁でもそれを実践するのは難しいでしょう」という道林の言葉に、白楽天は自分の至らなさを恥じて、その場を辞したというのです。

さて、本題はここからです。仏教には心おだやかになるために五戒や十善戒がありますが、これらは五つ、または十の悪いことからなるべく離れていたほうがいいという戒です。**悪いことから離れていればそれでいい、善いことをわざわざ探さなくてもいいというのです。**

あなたも、今日一日、悪いことをする機会はたくさんありました。隣近所の玄関の呼び鈴を鳴らして逃げる、会話の中でわざと舌打ちをする、つまらなそうな顔をすることもできたはずです。しかし、そのような悪いことをしなかったでしょう。それだけでいいのです。これも**楽に生きるためのひとつの方法です。**

ほうげん和尚の
お悩み相談
16

夢を諦めない友人に嫉妬してしまう自分

10年ぶりにクラス会に出席し、元気で前向きな友人たちに驚き、自己嫌悪にさえ陥りました。クラシックバレエを60歳からはじめた女子や、不登校児のためのフリースクールを開校した人、長年の夢という小料理屋をはじめた男子も。孫の相手しか楽しみがない自分がつまらない存在に思え、嫉妬してしまいます。何かできるわけでもなく、夢さえ追えない自分が情けないのです。（62歳女性）

◎うらやましさを妬ましさにしてはいけない

うらやましいという感情は、自分もそうなりたいという願望を含んでいます。一方、嫉妬や妬ましいという感情は、下手をすると相手を引きずり下ろしたいという陰湿な気持ちまで含んでいます。

どちらも、うらやんだり、妬んだりしている相手のように、今の自分がなれていないという現状から起きる感情です。

ということは、**うらやんだり妬んだりしている間は、自分が思い描く理想の状態ではないので、けっして幸せになれない**ということです。

あなたは幸せになるために生まれ、生きているのですから、他をうらやんだり、妬んだりしない考え方や生き方を目指したほうがいいでしょう。

私もそのように覚悟しています。うらやましいと思ったときは、自分もそうなるように努力します。クラシックバレエでも、ボランティアでも、小料理屋でもやってみればいいのです。**努力できないなら、相手を全力で称賛すればいい**のです。

努力もせず、称賛もしないでいると、うらやましさは徐々に妬ましさに変わり、相手を引きずり下ろしたいという邪悪な心が自分を蝕《むしば》みはじめるのを私は知っています。私も、もちろんあなたも、そのような惨めな人間になるために年を取ってきたわけではありません。

◎できないことをできるようにするのが練習

ある僧侶は「比べて喜ぶと他を傷つけ、比べて悲しむと己を失う」という名言を残しました。私の大好きな言葉です。

友人たちが、「こちらは気力体力を充実させて毎日をワクワクして生きているのに、あの人は何の楽しみも、生き甲斐もないなんてかわいそう」と思っているのをあなたが知れば、あなたは傷つくでしょう。〝比べて喜ぶと他を傷つける〟は、そういうことです。

一方、今のあなたのように、友人と自分を比べて惨めになれば、自分のことがわからなくなるだけでなく、やるべきことにも気づかなくなります。

孫の面倒をみるだけでなく、孫と一緒に遊ぶ祖母がどれほど素晴らしいのかがわからなくなっているのです。孫にとって、あなたは世界一のおばあちゃんです。それだけでも、十分生き甲斐になるでしょう。孫と一緒に遊んでいる私の妻を見るとそう思います。妻をうらやましいとは思いません。たいしたものだと全力で称賛しているのです。

「何かできるわけでもなく、夢さえ追えない」とありますが、ローマは一日にしてならず、百里の道も一歩からです。できないことをするのを練習と言います。あなたの友人たちも、それぞれ夢に向かって一歩踏み出して、それぞれできなかったことの練習をしているのです。

夢を持ちましょう。夢がないと、それを叶えることもできません。

ほうげん和尚の
お悩み相談
17

人を振り回す上司と20年以上、さすがに疲れました

20年以上、今の上司に振り回されっ放しです。仕事はできるが、考えがコロコロ変わり、昨日と今日でまったく違うことをどんどん振られます。部下をちゃんと見てないし感謝もありません。仕事はマスコミ関係、配置転換は望めず、さすがに「なんだかなあ」と疲れてきました。どう付き合えばいいでしょうか。（50歳男性）

◎振り回されている間は「まだまだ」と考える

会社であれば、上司の命令は絶対でしょう。命令されたことを部下ができなければ、上司がその責任を取ることになります。部下は、命令どおりにして失敗しても上司に責任を転嫁できるメリット（?）があります。

上司のやり方に振り回されっ放しとのことですが、上司の命令ならばそのように仕事をするのは仕方がありません。それに振り回されていると感じるなら、あなたの力が不足しているのかもしれません。

極端な例ですがハムスターのゲージに回し車を設置すると、遊び方を知らないハムスターは回し車に振り回されて落ちます。しかし、遊び方を熟知しているハムスターは、前進はもちろん、逆回転もできるようになります。

私も「仏教とは?」「悟りとは?」「慈悲とは?」「坊主とは?」と考えているうちは、その概念に振り回されていると自己分析します。物事がわかってくると、そんなことは気にしないで生きられるようになります。

禅宗で使われる「心迷えば法華（仏の世界）に転ぜられ、心悟れば法華を転ず」も同様のことを言っている言葉です。

上司に振り回されている間はまだまだで、**「上司を自分の手のひらの上で遊ばせている」くらいに考えられるようになればしめたもの**です。

◎あなたが縁を加えて現状を変化させる

コロコロ変わる上司の考えや、昨日と今日でまったく違うことを振る上司は、組織の一員としてはあるべき姿ではないのかもしれません。

残念ながら、人は自分の考えを状況に合わせてコロコロ変えがちです。最初は「これがいい」と思ったことも、より深く、あるいは広く状況分析をすれば対処法も変わります。

「昨日おっしゃっていたことと違うではありませんか」と指摘しても、「あの時は、それがベストだと思っていたが、よく考えてみると別のやり方のほうがいい気がしてきた」と返されるのがおちでしょう。

しかし、**そろそろ、従順な部下から自分の意見をしっかり伝える部下に変身してはいかがでしょう。**

縁起の法則でいえば、上司が池に投げた石でできた波紋に翻弄されているあなたが、別の石を投げ込むという縁を加えるのです。上司の作った波紋の形に影響して、新しい形が生まれます。

具体的には、上司の納得のいかない指示に対して、あなたがよいと思った方法を逆に提案してはいかがでしょう。あなたには、提案できるだけの十分な経験と実力があるはずです。そして、あなたが主導権を握って仕事を進めていけばいいでしょう。

自分の言うなりになる部下しか持たないのは、上司として不幸です。あなたがナイスな逆提案をしたりして、幸せな上司にしてあげましょう。

ほうげん和尚のお悩み相談

18

夫よりもまず生成ＡＩに
なんでも訊いてしまう

夫に言いたいことがある時、関係が波立つのがいやで、まず生成ＡＩにぶつけます。そのおかげで、感情的な言葉でなく冷静になって伝えることができたりする。ＡＩだといつでも訊けるし、気を遣わなくてすむし、自分の都合で切れる。夫や他人より面倒なことがなく、付き合いやすい人のような感情を持ってしまう。これは危険でしょうか。（55歳女性）

◎前代未聞の状況では何が正しいかわからない

コンピューターが大活躍するという、人類がこれまで経験したことがない時代を迎えました。いわゆる前代未聞の状況です。

だれも経験したことがないので、やる前も、やっている間も何が正しいのか、間違いなのか、危険なのかは、だれもわかりません。それらは後になってわかる結果論です。

新型コロナウイルス感染症も、前代未聞の事態だったので私たちはWHOや政府の指針を頼りに行動するしかありませんでした。しかし、その方針が正しかったかどうかは、数十年後にならないとわかりません。その結果さえ、科学が発達して、百年後にひっくり返るかもしれないのです。

SNSの適切で、正しい使い方は、まだだれも知りません。とても便利で、情報を簡単に集めたり発信できたりしますが、一方で人を傷つけ、「いいね」を求めてクタクタになる人を大量生産する側面もあります。

一見、便利に見えるものは、ナイフのようなものでしょう。把手を握れば役に立ちますが、刃をつかめば怪我をします。ナイフを見たことがない人にとっては、どちらが役に立つのかわかりません。経験を積むことで知恵が身につき、把手を握るようになります。

チャットGPTや生成AIも前代未聞の技術ですから、どんな使い方が、どんな人に適しているのか。それが、おぼろげながらもわかるのは、二十年から三十年かかるでしょう。

◎チャットGPTや生成AIをコーチとして使う

膨大なデータを使って、ユーザーの質問に〝適切な〟答えを瞬時に出してくれるのがチャットGPTや生成AIです。

自動翻訳機の登場で外国語を勉強しなくてよくなる、スマホで調べられるので歴史を勉強しなくてもよくなると言われるように、チャットGPTや生成AIのおかげで人間は考えなくてもいい時代になるかもしれません。

しかし、それはまだまだ先の話です。

今のところは、あなたがこの新技術の恩恵と弊害の実験台になる覚悟で、〝夫との関係におけるチャットGPTや生成AI依存〟に、どっぷり漬かってみるのもいいかもしれません。

それによって、他人の心理を自力で推察したり、洞察したりする能力が今以上に伸びないかもしれませんし、低下するかもしれません。

あなたが今やっておいたほうがいいのは、コンピューターに質問をする前に、自分の質問に対してどんな答えをするか、クイズ感覚で予想することです。そうすれば、自分の考えや言葉選びが、どのように適切でないかをチャットGPTや生成AIが教えてくれることになります。

チャットGPTや生成AIはコーチ役にして上手に付き合いましょう。

ほうげん和尚の
お悩み相談
19

何かとマウントをとってくる後輩に心がざわつく

後輩（30代後半）が何かと圧をかけてくる。忙しい時にヘルプで入ってもらうが、お客さまの髪に液を塗る時も、ものすごいスピードで塗っていき、「終わりました！」と必ず私より先に終える。「自分はできるし、あなたに勝っているのよ」という無言の圧で、無視しているが心がざわつく。こうした相手への上手い対処法はないか？

（美容師　49歳女性）

※マウントをとる＝自分の優位性をアピールする

◎〝遅い〟と〝ゆっくり〟は違う

美容師の世界のことはわかりませんが、ヘルプで入ってもらっている後輩にとって、美容室は自分の技術を磨く場所だけでなく、将来に向けて椅子ひとつを借りて自分の顧客を獲得する練習の場でもあるのでしょう。

そして、後輩は後輩なりに、仕事の早さを美容師の価値を決めるひとつの材料と考えているのかもしれません。

しかし、美容師の価値はそれだけではないでしょう。仕事の丁寧さはもとより、何よりも顧客と良好なコミュニケーションが取れるか否かが大切だと思います。あなたの相談を読むかぎり、後輩にはそれがわかっていないような気がします。

あなたが美容室の経営者だったら、お店の評判にかかわることですからその後輩は使わないほうがいいでしょう。

あなたが経営者ではなく従業員の一人なら、経営者の経営方針にそった「早いだけではなく、丁寧さが大切」という、あなたがすでに共有している価値を、後輩にも持ってもらう必要があります。

後輩が早さばかりであなたと勝負するのは、あなたの仕事が遅いという思いがあるのでしょう。そうならば〝遅い〟と〝ゆっくり〟の違いについて教えてあげればいいと思います。

〝遅い〟というのは、その早さが精一杯ということです。百メートルを全力で走って三十秒かかる人は走るのが遅いのです。しかし**〝ゆっくり〟は早くできる実力がありながらゆっくりやっているのです。**オリンピック選手が百メートルを三十秒で走るのがゆっくりです。

◎マウントをとったと思わせてあげる余裕を

あなたが後輩の年齢だった頃、どのような感覚で仕事に臨んでいたのでしょう。後輩のように、自分の仕事の出来ぶりを周りに見せつけて、アピールするようなことはありませんでしたか。

あなたはそんなやり方はしなかったとしても、周りにはそのような人がいたでしょう。

ですから、かつての自分や同僚を見るように、ニッコリ笑って「それだけ、しゃかりきになっているのは、ある意味でスゴイよ」と思ってはいかがでしょう。マウントをとりたいと必死になっているなら、とっていると思わせてあげておけばいいでしょう。なんといっても、実力やコミュニケーション能力はあなたのほうがずっと上でしょう。

後輩はまだ仕事や生き方にこだわりたいのです。『般若心経』は、こだわれば心は乱れるという至極もっともな理論の上に展開される教えですが、こだわらないとわからないことがあるのも事実です。**後輩は、それを今学んでいる途上**だと思って、やさしく見守ってあげましょう。

ほうげん和尚の
お悩み相談
20

すぐ落ち込み情緒不安定な日々、なんとか変えたいが

この年ですぐ凹みます。ちょっとしたことで落ち込み、なかなか立ち直れません。アフター更年期というらしいですが、情緒不安定気味です。夫はいつもイライラしてすぐに怒り出すし、アンガーマネジメントを教えたいがもう手遅れでしょうか？　夫婦で心おだやかに生きたいと思うのに日々疲れるばかり。これを変えるアドバイスが欲しいのです。（64歳女性）

◎心を乱すのは「苦と煩悩」

私たちの心に起こるネガティブやマイナスの感情の「苦」は、仏教では「自分の都合どおりにならないこと」という定義です。この苦をなくしたり減らしたりするための教えが仏教です。一方、心がおだやかになる邪魔をしたり、心を乱したりする考え方を煩悩《ぼんのう》と呼びます。

凹むのは、自分の都合どおりにならないために心がおだやかでない状況です。そして、なかなか立ち直れない自分に嫌気がさすのは心が乱れている状態。情緒が不安定気味なのも心おだやかでないということです。自分の都合どおりにならないことが原因で、いつもイライラしてすぐに怒り出す夫は、自ら苦を抱え込んでいるようなものです。

心おだやかになるには、まず、右のような**客観的な分析をするのがスタートになります。**『般若心経』の前半部分も、こうした客観的な分析結果を述べ、私たちを構成している体や認識作用のひとつひとつについて「これは空だから、こだわらないほうがいいですよね。こだわっても仕方ないですものね」と展開されていきます。

◎三日間で落ち込みから立ち直る方法

こうした分析を利用して、私は落ち込んだ心を三日間で立て直し、イライラして怒り出さないようにしています。

一日目は凹んだり、落ち込んだり、イライラして怒ったりした日です。これらは感情なので、どうにもなりません。他人を不快にさせてしまうこともありますが、仕方がありません。

翌日は、なぜ凹んだのか、落ち込んだのか、イライラが怒りにつながったのかを考えます。この時、だれかのせいにはしません。そうしているのは自分の心をおいて他にないので、他人のせいにしても解決しないのを知っているからです。同じことが起きても凹まず、落ち込まず、イライラしない人はいるのです。

問題のほとんどは自分の都合(願い)が原因です。自分の努力で叶えられる願いなら、そうなるように努力します。しかし、相手の都合や、物事の成り行きなど、自分の努力だけではどうしようもないとわかれば、自分の都合そのものが理にかなっていない(心を乱す)煩悩なので、都合そのものを実現可能なものに変更します。

そして、二日目の分析結果をもとに、**三日目**には新しい一日を踏み出します。私は、このように自分の「苦」を減らしたり、解決したりするようにしています。三日でどうにかならなければ、二日目の分析に三日間くらいかけますが、立ち直るのに一週間以上はかけないと決めています。

心の天気は自分で晴らせる——私はそう信じているのです。

般若心経のこころ 4

『般若心経』を唱える宗派と唱えない宗派の違いは？

『般若心経』は、真言、天台、曹洞、臨済などの宗派では日常的に唱えられます。浄土宗では祈願や食事の作法の中で唱えられることがあります。

しかし、浄土真宗系と日蓮宗系の宗派では唱えません。唱えてはいけないというよりも、読んだり、唱えたりする必要がないのです。

親鸞が開いた浄土真宗は、阿弥陀如来によって私たちはすでに救われているので、『般若心経』を読んで、その教えを実行して悟りを開こうと思わなくてもいいとします。一方、日蓮が開いた日蓮宗は、頼りにするのは『法華経』だけでいいとします。

時に問題になるのは、写経した『般若心経』を浄土真宗系、日蓮宗系のお寺に納めようとすると、右の理由で断られる場合があること。お葬式で柩の中に『般若心経』の写経を入れる場合も同様に注意が必要です（お寺によります）。個人的に読んだり、唱えたりするなら、あまり気にする必要はありません。

第五章

もう迷いなんていらない

——今日がいちばん若い日、さあ一歩を踏み出そう

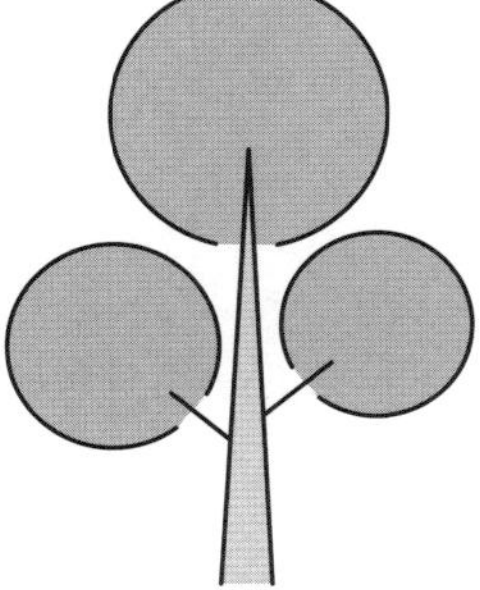

人は年を取ると変われないなんてウソです

手が震えるようになってメスを握れなくなった老齢の外科医が、仏教に興味を持って、私が住職をしているお寺に毎月一回来ていたことがありました。聞くと、老人施設の相談役を務めているとのこと。

仏教について知っていることをお伝えしていましたが、ある夜恐ろしい夢を見ました。私が認知症になるのです。頭の中が朦朧として本音と建前の区別がつきません。その結果、「あの檀家は亡き人も仏さまもホットケ（放っておけ）さまだ」とか「あの人の話はなんとなく説得力はあるけど、何を言っているかわからない」と、相手構わず大声で他人の悪口を言いはじめ……ここで目が覚めました。

昔から「百の説法屁一つ（百の説法も、坊主が人前でおならをすれば台無しになる)」と言われます。だとすれば、大変なことです。

翌日、その先生が来たので「認知症になると、心の奥底で思っていたことも認知できなくなると思っていたのですが、その人の心の奥底にあるものは残りますか」と聞きました。すると、「ええ、残りますよ」という残念な答え。

ワガママな人は食事が気に入らなければ施設でもトレーをひっくり返し、まじめな人は自分の排泄物をティッシュにきれいに包んで引き出しにしまうというのです。目の前が暗くなりました。

「ということは、人の気性というか性格は変わらないということですか」と聞くと、「変わりますよ」とあっけらかんとおっしゃいます。「えっ、変わりますか」と期待一杯に確認すると、「だって、住職、それを修行って言うんでしょ」。

まさにそのとおり。**こだわりやとらわれを取り除く作業が修行です。その修行をすれば性格も変わります。**何もしなければそのままですが、やろうと思えば、あなたにも今日からできる修行です。**人はいくつになっても変われます。**

義理人情のしがらみも程よく利用して

しがらみを漢字で書くと柵。第一義は「水流をせきとめるために杭を打ち並べて、これに竹や木を渡したもの」で、そのままだと流れ去ってしまうものを何かの意図で留めておく仕掛けのこと。ビーバーが作るダムのようなものです。ここから「その人にまつわりついて離れず、何かにつけて（心理的に）束縛を受けるもの」という第二義が出てきます。自由を阻害するものです。

私は人間関係の柵を悪いものとは思いません。身勝手な人は柵の中で〝お互いさま〟の義理人情でつないでおかないと、将来だれからも相手にされない一匹狼として生きていかなければなりません。助けてくれる人がいないので、攻撃的になるか、無気力のどちらかになって、心おだやかにはなれないだろうと思うからです。

そうかといって、柵にがんじがらめになるには及びません。大人として、挨拶をする、相手をほめる程度のゆるい柵の中で身を処していくことは可能です。

もちろん、助け、助けられる義理人情の関係性（柵）こそ大切だと思っている人は、サラリとした付き合いをする人をよく思いません。「スクラムを組もうぜ」と言っているのに、「いや、私は遠慮しておきます」と断られているようなものだからです。

そのような強固な柵が苦手な人は、年賀状のやりとりをやめる、SNSから離脱するなど、思い切って柵から離れるか、器用にスルリと抜けて自由になったほうがいいでしょう。

そんなことをしたら悪く思われると心配しなくても大丈夫です。**「来る者拒まず、去る者追わず」は上手に生きる処世術。**恋人同士でもないかぎり、他人のことを一日に五分以上考えている人はまずいません。

周りへの同調よりも自分の意志を優先する

余計な摩擦を避けようと、相手につい同意してしまう人がいます。ことなかれ主義と言っていいかもしれません。しかし、それをつづけて、自分が圧力鍋の中の煮物のようにどこにも逃げられず、個性を出せていないことに気づくと〝同調圧力〟という言葉を使いたくなります。本当は同調圧力に屈したくないのだという気持ちの表れでしょう。

私は同調圧力に鈍感です。学生の時に習った英会話でunderstand（理解する）と、agree（同意する）があるのを知っていたからかもしれません。

日本語では、二つの意味を併せ持った「わかる」があります。「せっかくしてあげたのに、お礼も言わないってどういうこと？　もう何もしてあげない」「ああ、あなたのその気持ち、わかる」という場面で使われる「わかる」です。

二つの意味を持つ「わかる」を、多くの人は「理解して、同意する」と考えます。そこで「ひどいでしょ。あなたもあの人にはもう何もしないほうがいいよ」に対して「いや、私はまだ見放してないから」と言えば、「だって、さっき〝わかる〟って言ったじゃない」という愉快な展開になります。

英語ではごく普通に〝I understand but I don't agree〟（理解できるけど、同意はしない）が成り立ちます。これを知っていれば、**理解だけを求められているのか、同意を求められている圧力なのか判断するのは簡単です。「あなたの気持ちわかるけど、私ならそう考えない（しない）」ときっぱりと言えるようになります。**

仲良しのようにふるまいながら同調圧力の鍋の中に留まるのではなく、自分の意志を優先した言動をしても、何の問題もありません。そうしたからといって、西から日が昇るわけでも、死ぬわけでもないのです。

人生後半は、他人の目を気にせず、自分の「意志」を優先させていきましょう。

一日一回くらい人が喜びそうなこと言えるでしょ！

五十歳を過ぎた、ある日の夜のことです。原稿を書きながら、机の上のお茶に手を伸ばした瞬間、「ん？　私は今日、だれかを喜ばすようなことを、一人にでも、一言でも言ったか？」と思いました。そんなことは言っていませんでした。法話や講演、本も書いている自分にそれができていないとは……情けなくなりました。

「心おだやかになるためには、**自分の心が乱れた時こそチャンス。なぜ乱れるのかを掘り下げていけば、自分の至らないところが顔を出します。それをどうにかするから、心がおだやかになるのです**」と、仏教は「煩悩即菩提《ぼんのうそくぼだい》」を説きます。私もそう思います。

しかし、煩悩に気づくために煩悩探しに夢中になると、善いところに気づきにくくなることを自覚していませんでした。いわば、アラ探しばかりするようになっていたのです。本書を含めて拙著の中で、多くの反面教師の例をあげるのもこうした思考回路によるものでしょう。

アラを探して己を責めたり、他を批判したりするのではなく、どんなことでも心おだやかになるための材料にしようとしているのですが、自他の善いところに気づく感性が鈍っていたのです。

私はすぐに「今日一日、人が喜びそうなこと、言えるでしょ！」と自分のために書いて、目に見えるところに貼りました。そうしないと、またすぐにアラ探しに向かってしまうとわかっていたからです。

今でも、人が喜ぶようなことを毎日必ず言えている自信はありませんが、人を滅多にほめない人に出会うと「一日に一回も人が喜ぶようなこと言ってないでしょ」とカマをかけます。意地っ張りな人は「そのくらいできるさ」と答えます。あなたの周りに、他人をほめない人がいたら、試してみてください。

「決められるようになるまで待つ」と決める

「～したいと思っている」と「実際にする」の間には「決める」という大きな壁があり、「決めないと動けない」のが私たちの行動原理であることは、別項でお伝えしました。

行動原理の「決めないと動けない」は、「動けたのは決めたから」とも言えます。

あなたが今着ている服も、これを着ようと決めたはずです。決めなければいまだにパジャマのまま、タンスの前でどれを着ようか迷っているでしょう。引き出しの一番上にあるものを着ただけと言う人も、「どれでもいい」と決めたのです。

食事ができるのも、これを食べようと決めるからです。決められなければ、お腹は鳴りっぱなし、行儀の悪い迷い箸にもなります。

決めるのは、勇気が必要です。「決める」は「他の選択肢は捨てる」と同義ですが、じつは決める勇気よりも、捨てたり諦めたりするほうが、強く大きな勇気が必要なのです。

私は結婚披露宴のケーキ入刀の後に雛壇に戻りながら、司会者が言った言葉を忘れません。

「ただ今のケーキ入刀により、新郎は新婦以外のあらゆる女性にたいする権利を放棄したことになります。そして、新婦は新郎の上にドッカとあぐらをかく権利を取得しました。初々しくも、華やかなケーキの入刀でございました」。雛壇に戻った私は「そういうことか」と決意新たに、隣の家内を見ました。

年を取ると決断力も鈍くなり、他の選択肢を捨てる勇気が出ずに、行動できない自分がイヤになることがあります。そんな時は、「今はまだ決められないのだから、決められるようになるまで待とう」と決めればいいのです。決められない自分が別の形の「決める」を採用することで、心の負い目はずっと軽くなります。

自分は「悩んで」いるのか「考えて」いるのか

年を取っても、私たちは死ぬまで「さて、どうしよう」と考え、どうするか決めなければならない問題に直面するでしょう。年を取れば人生の残りの時間は減っていきますから、考える時間はなるべく少なくして、早く決めて実行に移して安心したり楽しんだり、あるいは再度検討して次の選択をするほうが効率的です。

ところが、**延々とどうしようかと悩む人がいます**。その時、自分は悩んでいるのか、それとも考えているのかを、まずはっきりさせるのが大切です。**「悩む」と「考える」は違う**のです。

「悩む」は、最終決定しようとすると、その直前で「でもなぁ」と逡巡し後戻りする状態です。私は〝お悩みメリーゴーラウンド〟と呼んでいます。決定という出口のそばまで来ているのにそこを出ないで、また悩んでしまう状態です。

決めないと動けないという行動原理については前項でもお伝えしました。決めないとお悩みメリーゴーラウンドから降りられず、ずっと乗りつづけ、回りつづけることになります。

どうしようと悩む場合、多くは「やる・ならない」の二者択一になっています。どちらをとってもメリットとデメリットがあるので悩むのです。しかし、二者択一まで絞り込んだのなら、サイコロを転がして決めても問題ありません。**選んだほうを、とりあえずの正解として進めばいいし、進むしかありません。**

仮に選んだほうが失敗だったら、あとからもう一方を採用すればいいのです。

一方「考える」は目的達成のために、どうすればどうなるかという思考実験を重ね、フローチャートのように確実に出口に向かい、そこから出て行動する道筋を見つけること。

迷ったら、自分は悩んでいるのか考えているのかを冷静に考えてみてください。

「できない・しない」の言い訳に年齢を使わない

私が住職をしている寺の檀家のお墓は、すべて境内にあります。そのため、玄関にお線香を用意して、必要な方には火を点けます。ここでさまざまな話になります。

お年寄りの多くは、気力、体力、記憶力の衰えを訴えた後、「年は取りたくない。あれもやりたかったし、これもやりたかったんですけどね」とおっしゃいます。このセリフを聞くと、私が必ず伝える言葉があります。

「でも、**この先今日より若い日はありませんよ**。やるんだったら今週中にやったらどうですか」「でもねぇ。もう年だから……」と年齢をやらない理由にします。

四十代で早世した僧侶仲間は、亡くなる二週間ほど前に説明文なしのメールで次の言葉を送ってきました。

「自分の不幸をだれか（何か）のせいにしている人は、そのだれか（何か）を許さない。許すと、自分の不幸が説明できなくなるからだ」

『般若心経』に蓮は出てきませんが、仏教では蓮の花を大切なシンボルとして扱います。蓮は泥水の中からしか咲きませんが、花は泥色に染まりません。そのように、環境が過酷でも、汚くても、私たちはきれいに心の花を咲かせることができるというのです。

幸不幸はだれかに判断してもらうことではなく、自分が決める問題です。他人から「考えてみれば、あなたは幸せですよ」とアドバイスされることはあっても、「なるほど、私は幸せだ」と思うのは本人次第、本人の問題なのです。

できない、しない言い訳に年齢を利用するのは、自分の不幸を年齢のせいにしているようなものです。年齢のせいにしておけば自分は不幸のままです。

年齢を言い訳になんかしないで、一歩踏み出し、幸せになりましょう。

六十代からは物やお金よりも心の充足

人は四十代までに蓄えたものを使って、五十代から生きていくと聞いたことがあります。我が身を振り返っても、あるいは周りを見ても、まったくそのとおりだと思います。

蓄えた技術や知識をそのまま使うこともあれば、事に応じ、時に即して応用していけるのが人生後半の醍醐味でしょう。若い時のようにゼロから立ち上げたり、積み重ねたりする苦労はありません。それがわかるのが五十代からの面白さかもしれません。

そして迎える六十代。**物やお金より少欲知足《しょうよくちそく》（欲を少なくして足ることを知る）によって、心の充実を優先させたほうがいい時期**です。

そのために筆頭にあげられるのは感謝する心。〝おかげさま〟を意識することです。不平や愚痴を言っている人が「おかげさま」を言うのはほとんど聞いたことがないでしょう。**おかげを感じられれば、人は幸せでいられる**のです。

加えて、**自分をその年まで生かしてくれたものへの恩返し**も意識したいものです。それができるようになるには、やはり〝おかげ〟を感じるのが必須です。

アメリカの文化人類学者キャサリン・ベイトソンは「死は物語の終わりと同じ。タイミングによって、それまでの意味が変わる」と言っています。感謝してあの世に行けば、その人の人生は幸せです。妬みや恨みを抱えて死ねば、その人の一生はそのためにあったということです。

自然にも親しみたいものです。春の若葉をつまんだり、霜柱を手や足でつぶしたりしても心がうるおい、暮らしに厚みも出ます。頬を撫でる風（空気）や、肩を濡らす雨（水）に対して「昨日の今頃はどこにいた？　明日の今頃はどこにいる？」と関心を持てば、自分と大きな世界がつながっているのを感じられます。

今日も命の第一線、人生の最前線

気力、体力、記憶力が衰えてくる人生後半。定年を迎えたり、所属していたグループを離れたり、自分の立場を他の人に譲ったりして、一抹の寂しさを感じる人も多いでしょう。

しかし、自分をひとつの命として考えれば、**死ぬ瞬間まで〝命の第一線〟**を生きています。

また、**人生の道のりを考えれば、いつでも〝人生の最前線〟を生きています。**

この当たり前の事実に気づけずに、過去の栄光に浸る人に時々会います。

退職した後もかつての肩書が今も有効だと信じている人。今を生きずに、過去に生きている亡霊のようなものかもしれません。こういう人に出会うと、意地悪な私は「で、今は何をなさっていらっしゃるのですか」と聞きます。

グループを離れたのに、その後もことあるごとにグループ内で自分が活躍していた頃の自慢話をする人もいます。「私がやっていた頃に比べて、今のグループ（若いモン）は」とお説教を垂れ、現役世代に煙たがられる人です。

「お疲れさまでした」と肩を叩かれてはじめて己が立場を降りる人もいます。本人は「私の貢献からすれば、やめろとは失礼な話だ」と憤慨しますが、周りからは「肩を叩かれる前に、どうして自分から潔くやめようとは思わなかったのか」と半ば呆れられ、哀れにさえ思われます。はじめることより、つづけることより、終わりにするのが大切な事や時があるのを知らなかった人です。

こうした人たちに会えたのは、私にとって幸運でした。私は、施設に入ったり、入院したりして気持ちが落ち込んだ時に眺められるように、「今日も命の第一線、我が人生の最前線」をハガキに書いて準備できるようになったのですから。

今の自分でいいのです。胸を張って生きていきましょう。

愛する人はもういない……別離をどう受け止めるか

たくさんの縁で生きている私たちは、たくさんのパーツでできているジグソーパズルにたとえてもいいかもしれません。パーツの中には、友人、家族、ペットなどもあり、それが抜けてしまうとそれまでの自分でなくなってしまいます。

親しいものとの別離による空虚な心の状態を〝胸にぽっかりと穴があいたよう〟と表現するのは、まさにピースが一つ抜けた状態でしょう。

その虚しさを、諸行は無常だから、すべては「空」だから、「会うは別れのはじめ」と言うし、生まれたら死ぬのが宿命だから、などの言葉で埋めることはできません。劣等感という心の弱点を別の優越感でふさぐのとはわけが違います。

しかし、葬儀や法事という別離、別離後の現場に多く立ち会っている僧侶として、遺族が自分の心にあいた穴をどう埋めていくかを目の当たりにしていますし、仮に穴を埋められなくても薄い膜を張るお手伝いはしているつもりです。

人は心に強く思っていることを最後に言います。親しい人が亡くなって丸二年で迎える三回忌になると、「でも、死んでしまいましたけどね」と寂しそうに話を締めくくっていた人が、話のはじめに「亡くなった○○は」と言うようになります。時間というのは偉大です。この語順の変化で、私は遺族が亡き人を自分の中に感じられるようになったか、そして、よい意味で諦められたかを判断します。

別離の悲しみが深い人には「**亡き人なら、こんな時どうするか、どう言うかは想像できるでしょう。それができれば、あなたの中にその人がまだいる**ということです」とお伝えします。

ペットロスで悲嘆にくれている人には「今頃はあちらで、先に死んだ親や兄弟と仲良く遊んでいるでしょう。そろそろ、あなた所有のあなただけのペットという考え方から離れられるといいですね」とお伝えします。

小さな過失はとがめない、隠し事はあばかない

中国古典『菜根譚』は、洪自誠という人がまとめた処世術の本で、中国より日本で広く読まれているそうです。この中に、人徳に関して、「小さな過失はとがめない。隠し事はあばかない。古傷は忘れてあげる」という一節があります。

私がこの言葉の簡潔さ、指摘の正しさに感動したのは五十代の半ばでした。感動は、感じて自分の動きが変わることで、動きにつながらなければ感激止まりです。私は拙著、ブログ、講演会などでもこの言葉を紹介しているという動きにつながっているので、感動と申し上げて過言ではありません。

多くの人が「とても大切だと思うけど、やるのは難しい」と感想を漏らします。

しかし、二つの方向から考えればそれほど難しくはありません。

まず、自分が小さな過失を犯してとがめられたらどうでしょう。そんな小さなことを、と呆れるでしょう。隠し事をあばかれたらイヤでしょうし、古傷をいつまでも覚えておいてほしいとは思わないでしょう。

次に、犯した小さな過失をとがめてどうするつもりかを考えます。相手の非を責めて、自分が優位に立とうとする浅ましい魂胆が見えてきます。隠し事をあばいてどうするつもりなのでしょう。自慢したいのでしょうか。相手の古傷を忘れずに覚えておいて、何をするつもりなのでしょう。脅しに使うのか、みなは忘れているかもしれないが私は覚えているぞと注目を集めたいのでしょうか。いずれも、邪悪なものを感じます。

このように考えれば、小さな過失はとがめなくなります。隠し事は隠し事のままにしておいてあげられるようになります。他人の古傷など覚えておこうとしても自然に忘れてしまうものです。

年を取ってみみっちいことをしているようでは、年を取った意味がありません。

経験を重ねると、これはこういうものという信念のようなものが蓄積されていきます。信念は揺るぎないものですが、一方で、固まった思考と言い換えることもできます。

諸行無常で「空」だからこそこの世は面白い

ある人は、たまっていた有給休暇を退職に合わせてまとめて取ったので、退職数週間前に実質的に職を退きました。同僚の中には、それまでお世話になった会社に対して、合法とはいえ合理的すぎて人情味がないと考えた人がいました。しかし、その本人が退社するときは、残っていた有給休暇を退職の日に合わせて使い切ったそうです。

この状況を間近で見ていた人は、前に言っていたことと違うではないかと、少しイラッとし、がっかりもしたそうです。

いい大人が自分で言っていたことと違うことをするのはいけない、信念は最後まで貫くものだと思っている人は少なくありません。

しかし、人は変わります。かつて他人に憚《はばか》らず力説していた信条も変わります。否、変わるのが当たり前でしょう。前に言っていた時と、本人の経験値も増え、社会や経済の情勢も変わるので、**本人の信条だけでなく、生き方も変わります。**それが諸行無常、「空」の世の中の面白いところです。

揺るぎないと思っていた信念や信条を含めて、変わるのは悪いことではありません。**変わることを認めない心のあり方のほうが、心おだやかでいられなくなる**という意味で、よほど問題でしょう。

自分も他人も、よく変わっていくのなら、仏教的には心おだやかな方向に向かっていくなら、変わることは大いに喜んでいいことです。

自他ともに「前に言っていたのと違う」ことに、寛容になりたいものです。

蛇は水を飲んで毒にするし、牛は水からミルクを作る

「仏教の教えには、もとより違いはありません。牛や毒蛇が飲む水のようなものです。牛が飲めばミルクになり、毒蛇が飲めば毒になるのです」という言葉が空海が書いた『宗秘論《しゅうひろん》』の中にあります。説得力ある面白いたとえだと思います。

「ひどい目に遭えば、だれだって仕返ししたいと思うでしょ」と言う人がいる一方で、「『あんたが悪いと指を指す。でも三本は自分を向いていた』ということがある。考えてみれば私にも悪いところがあった」と反省材料にする人もいます。

「すぐに盗めるような陳列の仕方をしていれば、だれだって盗みたくなるのは当たり前でしょ」と万引きの言い訳をする人もいれば、「選ぶ人の身になって陳列する人の感性は見習いたいものだ」と感心する人もいるのです。

実際に、寺の境内の石仏に供えられた賽銭を自分のポケットに入れた老齢の男性を注意したら、「こんな置き方をすれば、取っていいと言っているようなものじゃないか」と逆ギレされたことがあります。その夜、私は「今日はいい反面教師に出会えた。あんな年寄りにはなるまい」と思いました。

あなたが出合うことは、どんなことでも、冒頭の名言で言えば「水」で、嘘や偽りはありません。それを、心を磨く材料(縁)にするか、心をおだやかにする材料にするか、愚痴や不平の材料にするかは、あなた次第です。

『般若心経』で説く「空」を「ドーナッツの穴のようなもの」と言った老僧がいます。穴は単独では存在できません。周りがあるから穴になります。同じように、すべてが「空」であるというのは、どんな物でも事でも、周辺に集まってくる縁によって初めて存在するというのです。もちろん、あなたも私も多くの縁によって、今、ここに、存在しています。

『般若心経』という水を、どうぞミルクに変えて、素敵な穴になってください。

ほうげん和尚の
お悩み相談
21

定年後のズボラすぎる自分、変える方法はないか

定年退職後、書斎も机周りもクローゼットも無用な物であふれかえっている。片づけなければと思いながら二年以上まったくできていない。肥満傾向で、運動をすすめられても散歩もスポーツも三日坊主で何ひとつだめ。現状を変えようという意志の力があまりにも弱い。ズボラすぎる自分を動かす方法を教えてください。（無職　63歳男性）

◎自分を変えるキッカケを他で作る

ほかならぬ自分のことができないのですね。

それをできるようにするには、そのための縁を自分で引っ張ってくればいいのです。イギリスの哲学者フランシス・ベーコンも「作った機会は、来る機会よりも的確である」と言っています。

私がすぐに思いつく縁は、「自分のことができないなら、他人のために何かやればいい」ということです。だれかの役に立つことをしてみてください。

人手不足が深刻な問題になっています。特にボランティアのニーズは高いでしょう。社会の役に立つ、困っている人を助けるなどの高い理想を掲げる必要はありません。

子ども食堂の食材運搬のドライバーでもいいし、配膳係でもいいでしょう。毎朝、近所の寺社の境内掃除をしてもいいでしょう（そんな人がいたら、私は助かります)。

あなたが「これなら自分にもできそうだ」と思うことでいいのです。なんといっても、**あなたがだれかの役に立つことをする目的は、社会や他人のためでなく、ズボラすぎて片づけも運動もできない自分を変えるため**なのですから。そのように割り切ったほうが、あなたも手伝ってもらった側も、気持ちが楽です。

◎決めないと動けない、動かないと変われない

ここからは、すでに本書のあちこちでお伝えしていることを、あなた専用に並べてご紹介するので、参考になさってください。

まず、〝現状を変えようという意志が弱い〟について。

意志が弱いのは目標がないか、あっても明確でないからです。私たちは目標があれば我慢できます。逆に言えば、目標がないと我慢して片づけも

できないし、運動もできません。たとえば「身辺をサッパリさせて、心身ともにシンプルライフを目指す」という目標はいかがでしょう。

次に〝片づけなければと思いながら〟についてです。

「こうしたいと思っている」とそれを実行する間には、巨大な壁があります。それは〝決める〟ということ。思っているだけでは、けっして実行できません。

あなたが今着ている服も「これを着よう」と決めたからパジャマから着替えられました。決めなければ、いまだにパジャマのまま部屋の中をウロウロしています。ズボラなあなたは、引き出しの中にあった服を適当に選んだのかもしれません。しかし、それも「適当に選んだ服でいい」と決めているのです。そうでなければ、引き出しに手をかけもしません。

〝明確な目標設定をする〟〝思っているだけでなく、決める〟——**この二つを実行する**だけで、あなたのズボラは数週間で息をひそめます。

ほうげん和尚の
お悩み相談
22

モンスター的顧客に振り回され、生きた心地さえしない

大口の顧客だが、次々に要求がエスカレートし、できるだけ調整もしたがもう対応できないところまで来た。一度断ったら、「それならこっちも断る」と前回ＯＫを撤回。丁寧に説明しても、支離滅裂な主張を感情的に繰り返すので気が滅入る。個人攻撃もされ、生きた心地がしない。モンスター顧客へのかしこい対処法を教えてほしい。（物流　53歳男性）

◎相手のモンスター化した過去を想像する

カスタマー（モンスター）ハラスメントについては、厚生労働省だけでなく各自治体も、その対策が急務という認識のもと、組織や企業の対応マニュアル制作や法的な整備が進んでいます。最終的には法律が守ってくれる社会になると信じたいと思います。

都内の飲食店が一つのジョークとして「お客さまは神さまではありません。また、当店の従業員はお客さまの奴隷ではありません」と書いた張り紙を店内に貼ったことが話題になりました。それほど、傲慢な客がいるということでしょう。

私はそのような理不尽な要求をしてくる人に会って、憤懣やる方ない状態になった時は、〝**あの人は、いったいどのようにして、あのような態度を取るようになったのだろう**〟と、**そうなった（ならざるをえなかった）理由**

を考えます。

相手の心情を想像できれば「そういうことならば、あんな言動をするのは仕方がない」と納得できて、必要以上に思い煩わなくてすむからです。

威圧的な親に育てられて自分もいつかそのように他人を支配すると誓ったのかもしれません。それが間違いだと気づくチャンスはいくらでもあったでしょうが、そのチャンスをことごとく見過ごしてきたのでしょう。

他人を威圧することで自分の欲を満たす友人がいたのかもしれません。威圧すれば相手に恨まれて、いつどんな仕返しをされるか戦々恐々として生きていかなければならないと教えてくれる人もいなかったのでしょう。

このように、相手のモンスター化した過去を想像すれば、「それでは仕方がない」と少しは納得できます。

◎「縁を切る」も、現状を変える縁になる

芥川龍之介の『蜘蛛の糸』では、お釈迦さまが地獄にいるカンダタに浄土から一本の蜘蛛の糸を垂らします。しかし、彼は後から糸を登ってくる亡者に「この糸はおれのものだ。下りろ」と怒鳴ります。そのとたん、彼の手のすぐ上で糸が切れ、カンダタは再び地獄へ落ちていきます。

『蜘蛛の糸』では、再び地獄へ落ちていくカンダタを、「お釈迦さまは浅ましく思し召されたのでしょう」と綴っています。あなたもお釈迦さまのように、モンスターになってしまった人を憐れんでしまいましょう。

そして、〝三人よれば文殊の智恵〟の諺のとおり、自分を守るために、一人で対応せず、社内でチームを作って対応することをお勧めします。

大口の顧客でも、そのようなモンスターのいいようにさせていれば、従業員の士気の低下や対応に労する時間、精神的苦痛など、あなたの会社のためにならないのですから、業務関係を断ち切ってもいいと思います。

「縁を切る」という縁を加えてご自分を守ってはいかがでしょう。

ほうげん和尚のお悩み相談

23

意地悪を仕掛けて喜ぶサイコな客から身を守りたいが

転職したハンドマッサージ店の70代の女性客がひどい。「新人さん？　さあ今日はどんな意地悪しようかな～」と、わざと手を土で汚してきたり、「孫の世話してきたからウン○ついちゃって」と本当に爪にウン○をつけたまま来る。心は泣きそうになるが平静を装ってマッサージを続行。意地悪でサイコパスな人から心を守る方法はありませんか。（セラピスト　51歳女性）

◎無反応でいるのも反応のひとつ

人を困らせて喜ぶとは、なかなか手ごわいお客さんですね。

察するにそのお客さんは、日常でよほど人にかまわれていないのでしょう。そうなった理由は〝私はだいたいのことはできるし、やってきた〟という自負が土台にある気がします。そのため、だれが注意しても耳を貸さず、独りよがりの道を、躁状態のまま爆走しているようなものかもしれません。

こうした人は、かまってもらいたくて人の気を引こうとする小さな子どもと同じです。相手をするのが面倒なら、反応しないのが最善でしょう。

あなたが困った反応をすればするほど、彼女の〝かまってオーラ〟は輝きを増し、嫌がらせはエスカレートする可能性があります。

お客さんですから彼女の言う言葉を無視するわけにいきませんし、無愛想な対応もできないでしょうが、当たり障りのない対応をする感情のないロボットのように接すればいいと思います。

あるいは、〝どうしてそんなことができるの〟とあなたが受ける屈辱の悔しさをあふれさせて、施術の最中に涙を流せばいいでしょう。さすがの彼女もあなたの涙を見れば、己の愚かさを思い知り、嫌がらせはしなくなると思います。

万が一、あなたの涙を見て逆に喜ぶようであれば、さらなる対応法をまた考えてみましょう。

◎「観自在」で楽しんで対応する

補足情報で、彼女は店長の知り合いで、店長も彼女の所業について薄々気づいているが、相談できる状況ではないとのこと。本書が出る頃には、あなたは店長に相談できる関係になっているでしょうから、サイコな彼女対策はできている可能性がありますね。ここからは、似た状況の方のためにお伝えします。

それはあなたが「観自在」になるということ。私なら、彼女の目につくところ（店内の壁か、施術用のテーブルの上）に、思いつくかぎりの彼女専用の標語を用意するでしょう。

皮肉を込めたバージョン――「鼻高々の天狗のお面、裏から見たら穴だらけ」「幼稚と若さを勘違いしちゃいけません」「自分に正直なだけで、人に不誠実な人」「私の心はコンペイトウ。小さいおまけにトゲがある」「笑う目尻の剣もあれば、怒る目元の慈悲もある」

彼女の心をほぐすバージョン――「どんな不幸を吸っても、吐く息は感謝でありますように」「みんなに好かれる人よりも、みんなを好きになれる人」「笑顔にまさる化粧なし」「恩は石に刻み、恨みは水に描く」「恩は着るもの、着せぬもの」

意地悪な彼女だけを楽しませず、あなたも楽しんで対抗しましょう。

ほうげん和尚のお悩み相談
24

お墓がなく子どももいないが夫婦で墓所バラバラはまずい？

お墓問題が切実です。父親は次男でお墓を持たず、「樹木葬でいい」と言うし、母親も「泳げないから海にまくのはやめて、きれいなお花のそばに」と樹木葬希望。自分たち夫婦は子どもがなく、死後墓を守る者もいません。夫は実家の墓に入るつもりらしいが自分は入りたくない。樹木葬でも何でもいいと思うが、夫婦でバラバラはおかしいですか？（53歳女性）

◎夫婦別々のお墓でもかまわない

古来、人類はさまざまな埋葬方法をしてきました。

亡骸をそのまま自然の中に放置して風雨に分解させる風葬。鳥に遺体を食べさせる鳥葬。来世での再生を願ったミイラ。あるいはインドのように薪を買える裕福な家は火葬にしてから、お金のない家はそのまま川に流す方法もあります。日本は戦前までは土葬でしたが、主に衛生面の理由から火葬してから埋葬するようになりました。

火葬後にどこに葬るかの選択も多様になりました。地域の墓地、寺院の墓地、納骨堂、草木の下、海への散骨、ロケットに載せて宇宙で放出するという宇宙葬もあります。死者の葬り方も、不変の実体はない空というあり方をしているということです。

さて、ご心配になっている夫婦が別々のお墓に入ることについてです。私は夫婦がそれぞれ納得しているなら問題ないと考えます。問題になるケースは、兄弟や親戚が「夫婦なのに、バラバラのお墓?」という違和感を持っている場合ですが、あなたのケースは、夫婦間の共通認識があれば、それほど禍根が残ることはないと思われます。

気がかりなのは、実家の墓に入ると言っている夫です。後継者がいない以上、自分は実家のお墓に入れると勝手に思っているとすれば危険です。

夫がお墓に入った後に墓を守るのは実家の人間です。墓地の管理やその費用、供養などは実家の甥や姪がやることになります。費用も含めたそれらの負担を、夫の実家側が理解し、納得しているかが問題なのです。

◎お墓についてもっと知っておく

一般の人にとって、お墓は命の永久《とわ》の落ち着き所という感覚があるかもしれません。しかし、大震災などでお墓が倒壊するだけなく、津波や洪水、土砂崩れなどでなくなってしまうこともあります。

浅い土中に遺骨を安置する樹木葬も歴史が浅く、大水などで流されてしまう可能性があります。また、霊園業者経営の墓地や樹木葬、ロッカー型納骨堂も、経営母体が倒産した場合の混乱が予想されます。樹木葬を選択する場合は、そのようなことも考慮に入れておいたほうがいいでしょう。

お悩み相談の13（150ページ）でお伝えしたように、僧侶にとって**お墓は命の落ち着き所であると同時に魂の転送装置であり、面会用の窓**です。ですから、**夫婦が別々に埋葬されてもあの世で会えます**。

亡き人との別れで「安らかにお休みください」という言葉を聞きますが、故人が戒名をもらっている仏教徒なら、安らかに休んでいいのは亡くなってから四十九日くらいまでで、その後はおだやかな心になるための修行に励んでもらうことになります。

お墓は、みなさんが考えているより少し深い意味があるのです。

ほうげん和尚の
お悩み相談
25

老母を施設に入れましたが、これは現代の「姥捨《うばすて》」なのか

88歳になる母親の認知症が進み、悩んだ末、高齢者施設に入居させました。とくに持病もなくて体調も悪くなかったのに、入居ひと月ほどで腎臓や心臓の異常が見つかり、認知症も一気に進行してしまいました。今では息子の私を認識できず、面会しても「どちら様でしたかの」と繰り返します。会うたびに苦しく、「自分は親を捨てたのだ」という思いに苛まれます。自分はどうしたら救われるでしょうか。（62歳男性）

◎母の願いは子どもが健康でいること

認知症になった親、そしてその親を施設に入れるなど、今まで経験したことがない状況に、どうすればいいのかがわからずに、とても戸惑っていらっしゃるのですね。

世間ではよく聞く状況で、対応策もいろいろと見聞きするでしょうが、あなたにとっては初めての経験です。ですから、悩むのは当たり前です。

そこで、まず、**「私は悩んでいる」という事実をしっかり意識することをお勧めします**。それを意識せずに、単に右往左往したり、自分を責めたりしていれば、混乱と自己嫌悪の渦に呑み込まれてしまいます。

あなたが取った対応は、けっして〝親を捨てた〟のではありません。介護する側、される側の共倒れを防ぐために仕方のない選択だと思います。

認知症の症状の中には、自分のことしか考えられなくなり、都合どおりにならないと、今まで見せたことのないような形相で周囲に当たり散らすなどもありますが、おそらくそれはその人の本性ではないでしょう。ですから、今後はそのような状況に出合っても平静でいてください。

子どもの健康を祈らない親はいません。あなたが元気でいることが、あなたの知っているお母さまには、とても大切なのです。そう信じて、母を施設に入れた自分を責めないでいただきたいのです。あなたは自分と、我が子思いの母を守るために、彼女に施設に入ってもらったのです。「施設に入れてごめん」ではなく、「施設に入ってくれてありがとう」と思うことはできるでしょう。

◎感謝する心で負い目を払拭する

次に、認知症についての**情報や、対応策を本やネットで集めましょう。**親の認知症は子どもにとって、悲しく、切ないものですが、本やネットで得た情報をもとに**客観的な視座を持てば、今後の進行具合も覚悟できます。**そうすれば、あなたの心の負担は軽くなり、ため息の数も減ります。

それでも、親の面倒をみられない自分に負い目を感じるなら、なるべく面会の回数を増やすしかないでしょう。

あなたがだれかわからない時もあるでしょうが、俗に言うマダラボケの期間は、意識がしっかりして我が子だとわかることもあります。その瞬間だけかもしれませんが、お母さまの心は親子の情愛に満たされます。

施設のスタッフに感謝を伝えるのも忘れたくないものです。「スタッフはそれで給料をもらっているのだから、入所者のケアをするのは当たり前」と思えば、あなたの心にトゲが生えます。自分の負い目を埋めるために、他者を攻撃するのは、あなたの生き方にとって好ましくありません。

自分をあまり責めないでください。自分で自分を責めなくても、必要な時に他人が責めてくれる――そのくらいの余裕ある心でいてください。

仏説摩訶般若波羅蜜多心経《ぶっせつまかはんにゃはらみったしんぎょう》　書き下し

最後に声に出して読みましょう

観自在菩薩《かんじざいぼさつ》、深般若波羅蜜多《じんはんにゃはらみった》を行《ぎょう》じし時《とき》、五蘊《ごうん》は皆空《みなくう》なりと照見《しょうけん》して、一切《いっさい》の苦厄《くやく》を度《ど》したまえり。

舎利子《しゃりし》よ、色《しき》は空《くう》に異《こと》ならず、空《くう》は色《しき》に異《こと》ならず、色《しき》は即《すなわ》ち是《こ》れ空《くう》、空《くう》は即《すなわ》ち是《こ》れ色《しき》なり。受《じゅ》・想《そう》・行《ぎょう》・識《しき》も亦復《また》是《かく》の如《ごと》し。

舎利子《しゃりし》よ、是《こ》の諸法《しょほう》は空《くう》なる相《そう》のものにして、生《しょう》ぜず、滅《めっ》せず、垢《あか》つかず、浄《きよ》からず、増《ふ》えず、減《へ》らず。

是《こ》の故《ゆえ》に、空《くう》の中《なか》には色《しき》も無《な》く、受《じゅ》も想《そう》も行《ぎょう》も識《しき》も無《な》く、眼《げん》、耳《に》、鼻《び》、舌《ぜっ》、身《しん》、意《い》もなく、色《しき》、聲《しょう》、香《こう》、味《み》、触《そく》、法《ほう》も無《な》し。眼界《げんかい》もなく、乃至《ないし》、意識界《いしきかい》も無《な》し。

無明《むみょう》も無《な》く、亦《また》無明《むみょう》の尽《つ》きることも無《な》し。乃至《ないし》、老《ろう》も死《し》も無《な》く、亦《また》老死《ろうし》の尽《つ》きることも無《な》し。
苦《く》も集《じゅう》も滅《めつ》も道《どう》も無《な》く、智《ち》も無《な》く、亦《また》得《とく》も無《な》し、得《う》る所《ところ》無《な》きを以《もっ》ての故《ゆえ》に。
菩提薩埵《ぼだいさった》は、般若波羅蜜多《はんにゃはらみった》に依《よ》るが故《ゆえ》に、心《こころ》に罣礙《けいげ》無《な》し、罣礙《けいげ》無《な》きが故《ゆえ》に恐怖《きょうふ》有《あ》ること無《な》く、一切《いっさい》の顛倒《てんどう》せる夢想《むそう》を遠離《おんり》して涅槃《ねはん》を究竟《くぎょう》す。三世《さんぜ》の諸仏《しょぶつ》も般若波羅蜜多《はんにゃはらみった》に依《よ》るが故《ゆえ》に、阿耨多羅三藐三菩提《あのくたらさんみゃくさんぼだい》を得《え》たまえり。

故《ゆえ》に知《し》るべし、般若波羅蜜多《はんにゃはらみった》は是《こ》れ大神呪《だいじんしゅ》なり。是《こ》れ大明呪《だいみょうしゅ》なり。是《こ》れ無《む》上呪《じょうしゅ》なり。是《こ》れ無等等呪《むとうどうしゅ》なり。

能《よ》く一切《いっさい》の苦《く》を除《のぞ》き、真実《しんじつ》にして虚《むな》しからず。故《ゆえ》に般若波羅蜜多《はんにゃはらみった》の呪《しゅ》を説《と》く。
即《すなわ》ち呪《しゅ》に説《と》いて曰《いわ》く、
羯諦羯諦《ぎゃていぎゃてい》　波羅羯諦《はらぎゃてい》　波羅僧羯諦《はらそうぎゃてい》　菩提薩婆訶《ぼじそわか》
般若心経《はんにゃしんぎょう》

◎著者紹介

名取芳彦（なとり　ほうげん）

1958年、東京都生まれ。大正大学卒業。1984年より元結不動密蔵院住職。

真言宗豊山派布教研究所所長。

豊山流大師講（ご詠歌）詠監。密蔵院での写仏講座・ご詠歌指導のほか、出張法話など幅広い活動を行う。

著書に、『気にしない練習』（三笠書房）、『心がすっきりかるくなる般若心経』、『和尚さんの　一分で心を整えることば』（ともに永岡書店）など多数。

もっとい不動密蔵院HP　https://www.mitsuzoin.com/

◎参考文献

『現代語裏辞典』筒井康隆（文春文庫　文藝春秋）
『死について考える』遠藤周作（光文社文庫　光文社）
『怪獣の名はなぜガギグゲゴなのか』黒川伊保子（新潮新書　新潮社）
『蜘蛛の糸・杜子春』芥川龍之介（新潮文庫　新潮社）

構成　宮下 真（オフィスM2）　校正　西進社
ブックデザイン　田中俊輔　編集担当　影山美奈子（永岡書店）

心がほっとする
般若心経のことば
2024年10月10日　第１刷発行

著者　名取芳彦
発行者　永岡純一
発行所　株式会社永岡書店
〒176-8518　東京都練馬区豊玉上1-7-14
代表 03-3992-5155　編集 03-3992-7191
DTP　センターメディア
印刷　精文堂印刷
製本　コモンズデザイン・ネットワーク

ISBN978-4-522-45425-1　C0176